Hans Rudolf Helbling
... wie auch wir vergeben

P V E R
V A L A
E R N G
L A G O

Hans Rudolf Helbling

… wie auch wir vergeben

Kommissar Kesselring
ermittelt in der Kirchgemeinde

PVER
VALA
ERNG
LAGO

Pano Verlag Zürich

Umschlaggestaltung:
www.gapa.ch   gataric, ackermann und partner, zürich

Satz und Layout:
Claudia Wild, Stuttgart

Druck:
ROSCH-BUCH GmbH, Scheßlitz

Die Deutsche Bibliothek – Bibliographische Einheitsaufnahme

Die Deutsche Bibliothek verzeichnet diese Publikation in der Deutschen Nationalbibliographie; detaillierte bibliographische Daten sind im Internet über http://dnb.ddb.de abrufbar.

ISBN-10: 3-907576-88-8
ISBN-13: 978-3-907576-88-5

© 2006 Pano Verlag Zürich
www.pano.ch

Sie segnen mit ihrem Mund,
aber in ihrem Herzen fluchen sie.

Psalm 62, 5

Die Hauptpersonen

Christoph Hugentobler
ist langjähriger Pfarrer in Tippschigen, ein angesehener Mann. Nur: Warum hält er manchmal Informationen zurück? Und warum schweigt er auch da, wo er besser reden würde?

Andreas Zehnder
ist der zweite Pfarrer in Tippschigen. Deutlich jünger als Hugentobler, erst seit etwa drei Jahren in der Kirchgemeinde. Ist manchen sympathisch, anderen gar nicht. Aber das ist ja normal.

Jürg Neuenschwander
war Anwalt, ein erfolgreicher zudem – bis ihn die Kugel traf, genau zwischen die Augen. War er in dunkle Geschäfte verwickelt? Oder hat sein Engagement als Kirchgemeindepräsident von Tippschigen etwas mit seinem Tod zu tun?

Erika Neuenschwander
ist die Witwe. Die Trauer über den unerwarteten Tod ihres Ehegatten hält sich in Grenzen.

Rolf Häberli
war der Geschäftspartner des Ermordeten und führte mit ihm zusammen die Anwaltskanzlei Neuenschwander & Häberli.

Ernst Bärtschi
Sein Suizid wirft Fragen auf. Oder war es gar keiner?

Peter Kesselring
ist Kommissar der Berner Kriminalpolizei. Der Mord an Jürg Neuenschwander führt auf keine brauchbare Spur. Viele aus dem Umfeld des Toten hätten einen Grund gehabt, Neuen-

schwander zu hassen. Doch wer würde ihn gleich umbringen wollen?

Sascha Lüthi

ist Kesselrings Assistent. Ein guter, zuverlässiger Schaffer, unersetzbar für Kesselring. Er ist übrigens aus der Kirche ausgetreten.

Der Inhalt

Prolog

Freitag, 10. September 2004, nach Mitternacht
Tippschigen. Stappelisacker 73. Eine Vierzimmerwohnung

Als sie die Wohnungstür hinter sich zuzog, lauschte sie sofort Richtung Schlafzimmer. Gleichmässige Atemzüge drangen durch die Tür. Gut so, dachte sie, schlaf schön.

Der Kleiderbügel fiel ihr aus der Hand, als sie den Mantel aufhängen wollte. Es schepperte, als er zu Boden fiel. Beunruhigt horchte sie nochmals, doch die Atemzüge klangen immer noch unverändert ruhig. Vorsichtig, auf Zehenspitzen, ging sie ins Wohnzimmer, schloss die Tür und liess sich in einen Sessel fallen.

Sie hatte eigentlich gedacht, dass sie sich leer fühlen würde, ausgepumpt. Doch stattdessen war es Erleichterung, ja sogar eine leichte Euphorie, die sie erfasste. Sie hatte gehandelt, etwas unternommen. Hatte sich nicht treiben, sich für einmal nicht bestimmen lassen von den Ereignissen. So, wie es sonst immer gewesen war, seit sie denken konnte.

Gegen zwei Uhr morgens wurde sie langsam schläfrig. Ihre aufgekratzte Stimmung wich einer tiefen Müdigkeit. Es war ein langer Tag gewesen. Doch sie wollte die Befriedigung, die sie verspürte, noch eine Weile festhalten. Selten hatte sie sich so gut gefühlt.

Einzelne Szenen von früher flackerten unzusammenhängend durch ihr Bewusstsein. Onkel Fritz, der sie fast jeden Samstag für einen kleinen Ausflug abholte, mit seinem grossen Auto. Bis dann eines Tages Onkel Fritz nicht mehr kam und die Mutter sagte, es sei nun alles vorbei und sie solle vergessen, was gewesen war. Damals, mit neun Jahren, dämmerte ihr erstmals, dass die Erwachsenen nicht immer das Richtige taten. Niemand hatte je wieder von Onkel

Fritz gesprochen. Er verschwand ganz einfach aus dem Leben.

Als sie aufschreckte, war es bereits vier Uhr. Sie war eingenickt und lag leicht verkrümmt im Sessel. Gut, dass ich es getan habe, sagte sie zu sich. Dieser Verrat. Ohne Vorankündigung, ohne Warnung. Diese kaltschnäuzige Abfertigung. So hatte sie nicht mehr weiterleben können. Etwas hatte geschehen müssen.

Leise zog sie sich aus und legte sich ins Bett. Die Atemzüge neben ihr klangen immer noch regelmässig.

Gut so. Schlaf weiter.

Erstes Kapitel,

in dem Pfarrer Hugentobler mitten in der Nacht aufschreckt
und ein Schuss ertönt, der nicht recht passen will

Freitag, 10. September 2004, 00.15 Uhr
Tippschigen. Pfarrhaus

Der Schuss war deutlich zu hören. Und dann diese Schreie. Immer und immer wieder, bis sie erstarben. Diese Ungewissheit.

Christoph Hugentobler schreckte aus dem Schlaf auf, schweissgebadet. Er schaute auf die Uhr: Es war kurz nach Mitternacht. Immer wieder dieser Traum. Er warf einen Blick auf seine Frau Elisabeth, die neben ihm im Ehebett lag. Zum Glück hatte sie einen tiefen Schlaf, sonst hätte sie längst bemerkt, wie abrupt er jeweils erwachte.

Hugentobler stand auf, ging in die Küche, goss sich ein Glas Mineralwasser ein und lehnte sich an den Küchentisch. Schaute zum Fenster hinaus. Unzählige Male hatte er so dagestanden. Nein, sie hatte ihn nie losgelassen. Jene Nacht in Nigeria, als auf dem Campus in Lagos Karen starb. Das quälende Gefühl, dass er ihren Tod hätte verhindern können. Vielleicht – wenn er richtig gehandelt hätte. Doch in jener Nacht hatte er nicht gewusst, was richtig gewesen wäre. Erst im Rückblick wurde es ihm deutlich, doch da konnte er nichts mehr ändern.

Hugentobler holte tief Luft, trank den letzten Schluck Mineralwasser. In den ersten Jahren hatte er gehofft, mit dieser Geschichte fertig zu werden. Dass die Schuldgefühle nachlassen würden. Dass der Druck, der auf ihm lastete, mit der Zeit schwächer würde.

Eine trügerische Hoffnung, das wusste er heute. Jede Woche träumte er mindestens einmal von dieser grässlichen Nacht und hörte die Schreie Karens. Und durchlebte nochmals jene fürchterlichen Stunden, als man sie auffand, tot. Die Fragen der Polizei, denen er auswich, so gut es ging. Weil er glaubte, dass sein Fehler nicht mehr gutzumachen war. Und natürlich hatte er Angst, in die Sache hineingezogen zu werden. Seinen guten Ruf zu verlieren.

Wahrscheinlich, so grübelte er, warte ich immer noch auf die Möglichkeit, mein Versagen gutzumachen. Hoffe insgeheim auf eine Chance – mit einer einzigen wäre ich zufrieden: Ich würde sie nutzen! Das verlorene Leben Karens aufwiegen. Ein Leben retten, vielleicht. Leben gegen Leben, das wäre die richtige Gleichung.

Wiedergutmachung. Deshalb hatte er die Dozentur abgelehnt, damals. Statt seine eigenen Wünsche zu verfolgen und Karriere zu machen, wollte er im Pfarramt Gutes tun, Menschen helfen können. Busse tun, irgendwie. Ein reichlich naiver Gedanke, wie er heute wusste. Denn es hatte ihn nicht erleichtert. Im Gegenteil.

Hugentobler stellte sein Glas in den Geschirrspüler und ging wieder ins Bett. Er deckte sich zu und starrte ins Dunkel. Er wusste, dass er in dieser Nacht nicht mehr würde einschlafen können. So war es immer, wenn der Traum ihn heimsuchte.

Eigenartig war nur dieser Schuss. Den hatte er heute zum ersten Mal gehört in seinem Traum.

Zweites Kapitel,

in dem ein Ermordeter gefunden wird
und seine Witwe wenig Trauer zeigt

Freitag, 10. September 2004, 5.50 Uhr
Tippschigen. Im Pfarrgarten

Kommissar Peter Kesselring wurde von einem uniformierten Polizisten, den er nicht kannte, auf einen Parkplatz hinter der Kirche eingewiesen. Langsam wurde es hell. Kesselring blickte kurz auf die Uhr. Fünf Uhr fünfzig. Vor einer halben Stunde war er durch einen Telefonanruf geweckt worden. «Ein erschossener Mann nahe der Kirche von Tippschigen», hatte ihm der Dienst habende Beamte mitgeteilt, «die Spurensicherung ist schon unterwegs.» Kesselring, kein Morgenmensch, knurrte etwas ins Telefon, das man interpretieren konnte, wie man wollte, und legte auf.

Die Fahrt in den Vorort dauerte nicht lange. Der Berufsverkehr hatte noch kaum eingesetzt. Die paar Autos, die in der Stadt umherfuhren, gehörten wohl vor allem Leuten, welche die Autobahnen nach Zürich, Basel oder in die Westschweiz anpeilten. Und auch Kommissar Kesselring, so bemitleidete er sich ein wenig, muss in dieser Herrgottsfrühe raus, um in der bernischen Agglomeration seine Arbeit aufzunehmen. Er genehmigte sich einen letzten Schluck Kaffee aus der Thermoskanne und wuchtete sich aus dem Auto.

Sein Assistent wartete bereits auf ihn. «Guten Morgen, Peter. Nicht gerade angenehm, den Tag so zu beginnen.» Und erst noch einen Freitagmorgen, wenn man sowieso schon ans Wochenende denkt, das wir jetzt streichen können, fügte Kesselring an. Aber nur in Gedanken. Er war nicht sehr gesprächig um diese Tageszeit. Sascha Lüthi und er standen in einem kleinen Obstgarten mit mittelgrossen Apfelbäumen und mehreren Büschen. Kesselring konnte im Hintergrund einige Blumenbeete erkennen. Sehr gut gepflegt.

«Der Pfarrgarten», begann Sascha. «Er gehört zum Pfarrhaus. Der Pfarrer ist auch schon da, er heisst Hugentobler, du wirst ihn gleich kennen lernen. Wie du siehst, führt ein Fussweg von der Häusergruppe dort drüben durch den Garten, neben dem Pfarrhaus vorbei, zur Strasse vor der Kirche.»

Der Tatort war weiträumig abgesperrt. Mehrere Beamte in Uniform sicherten den Ort, andere in Zivil bewegten sich vorsichtig innerhalb der Abschrankung. Dahinter waren ein paar Dutzend Gaffer zu sehen, die mehr oder weniger verhalten tuschelten. Etwas abseits standen beim Ortspolizisten zwei Männer und zwei Frauen, die erwartungsvoll zu ihnen herüberschauten. «Die Frau hat ihn gefunden, heute Morgen auf einem Spaziergang mit ihrem Hund. Die Frau ganz links ist die Gemeindepräsidentin, sie wurde vom Ortspolizisten alarmiert, daneben steht der Pfarrer. Der letzte ist der Sigrist, der ebenfalls in der Nähe wohnt.» «Sag ihnen, ich käme gleich, Sascha», sagte Kesselring und bückte sich, um unter der Abschrankung hindurchzukriechen.

Der Tote lag verkrümmt auf dem Boden, etwas versteckt hinter einem Gebüsch. Er war dorthin geschleift worden, darauf deuteten die Spuren am Boden. Das Jackett wirkte durchwühlt, aber das konnte auch vom Hinschleppen kommen. Oder war der Tote bestohlen worden? Die Kugel hatte die Stirn durchschlagen, genau zwischen den Augen. Es sah nach einem gezielten Schuss aus. Kesselring meinte Schmauchspuren zu erkennen. War der Schuss aus unmittelbarer Nähe abgefeuert worden? Jeder Tatort erzählte eine Geschichte. Das Wichtigste war, in den ersten Minuten sorgfältig hinzusehen. Und auf die Gefühle zu achten. Auf den Bauch.

Hier passte nichts zusammen. Die Leiche war nur ein paar Meter weggeschleift worden, man konnte die Stelle erkennen, an der die Spuren begannen. Kesselring blickte kurz auf den Zettel, den Sascha ihm zugesteckt hatte. Jürg Neuenschwander hiess der Tote, die Frau, die ihn gefunden hatte, kannte ihn. Jurist, Anwalt. Mitinhaber des Anwaltsbüros Neuenschwander & Häberli in Tippschigen.

War Neuenschwander hier neben dem Gehweg erschossen und dann ein paar Meter weggezerrt worden? Oder hatte der Täter die Leiche hierher getragen, sie fallen lassen und dann etwas weitergeschleift, um sie zu verstecken? Was Kesselring auffiel, war der Gesichtausdruck des Toten. Kein Entsetzen, kein Erschrecken, nicht einmal Erstaunen glaubte er zu erkennen. Dachte man sich die starren Augen weg, so wirkte der Ermordete fast gleichmütig. Mehr als gleichmütig. Kesselring suchte nach dem richtigen Wort. Schnippisch, richtig. Überheblich. Kesselring kannte diesen Gesichtsausdruck von seinem Chef, der die anderen nie ganz ernst nahm und alles, was sie taten, mit leicht abschätzigem Gesichtsausdruck quittierte. Ein bisschen kam man sich ihm gegenüber immer wie ein Depp vor. War Neuenschwander von jemandem erschossen worden, den er kannte, den er nicht ganz ernst nahm? Und der dann, völlig überraschend, doch abgedrückt hatte? Aber dann hätte er doch noch die Schusswaffe gesehen und genügend Zeit gehabt, zumindest ein klein wenig zu erschrecken?

Kesselring fragte jemanden von der Spurensicherung, ob man davon ausgehen könne, dass der Ermordete beraubt worden sei. Ja, sie waren sich sicher, denn beim Toten war nichts zu finden, nicht einmal ein Kugelschreiber. Alles wies darauf hin, dass die Taschen durchwühlt und der Inhalt mitgenommen worden war. Ein Raubüberfall also? Jemand wollte Neuenschwander ausnehmen, der wehrte sich, und der Angreifer drückte ab? Vielleicht im Affekt, vielleicht in

17

der Panik, im Stress? Aber dann war der gezielte Schuss zwischen die Augen schwer erklärbar. So genau schoss man nicht, wenn Panik im Spiel war.

Vielleicht aber musste man die beiden Akte trennen: den Mord und den Diebstahl. Jemand erschoss Neuenschwander, eilte davon. Später fand jemand die Leiche, schleifte sie unters Gebüsch. Durchwühlte die Taschen, verschwand dann. Nicht das Naheliegendste, aber auch nicht unmöglich, so wie sich der Tatort präsentierte.

Kesselring erhob sich. Er musste auf den Bericht und die Fotos warten. Und auf die Obduktion. Manchmal liess sich etwas über die Tatwaffe aussagen, was weiterhalf. Als er auf Sascha zuging, hatte der bereits die Gaffer befragt. «Einzelne sagen, sie hätten gegen Mitternacht einen Knall gehört. Der Sigrist bestätigt das. Er ist sogar nochmals aufgestanden. Allerdings hat er gedacht, dass irgendwelche Jugendlichen Knallkörper abfeuern. Das geschieht hier anscheinend öfters. Er hat dann nichts festgestellt, obwohl er sich angezogen hat und vors Haus gegangen ist. Das ist nur etwa dreissig Meter von hier.» «Welche Uhrzeit war das?» «Der Sigrist meint, es müsse kurz nach Mitternacht gewesen sein.»

Die Gemeindepräsidentin, Sophie Bütikofer, fragte Kesselring, ob er gemeinsam mit ihr und dem Pfarrer die Frau des Ermordeten benachrichtigen könnte. «Furchtbar, so etwas ist in unserer Gemeinde noch nie passiert», meinte sie. Sie betrachte es als ihre Pflicht, gemeinsam mit Pfarrer Hugentobler die Witwe aufzusuchen, schliesslich sei der Verstorbene Kirchgemeindepräsident gewesen. Der Geistliche, ein knapp fünfzigjähriger Mann mit leichtem Bauchansatz, nickte mit gefasstem und, wie Kesselring schien, routiniertem Ernst.

Der Kommissar sagte, dass er sofort mitkomme, jedoch vorher mit der Frau, die den Toten gefunden habe, sprechen wolle. Es werde nicht lange dauern.

«Ich war heute wie jeden Morgen mit meiner Hündin unterwegs», gab die Zeugin zu Protokoll. «Ich spaziere jeden Tag hier durch. Heute ist Afra beim Gebüsch stehen geblieben und in die Spielaufforderungshaltung gegangen – kennen Sie sich aus mit Hunden?», fragte sie Kesselring. Der verneinte. «Wenn ein Hund zum Spiel auffordert, geht er vorne runter, ohne sich ganz hinzulegen, und wedelt mit dem Schwanz. Das hat also meine Afra gemacht und zuerst wie wild gefiept, diese Winsellaute. Eben, Auffordern zum Spielen. Ich dachte schon, was ist jetzt wieder los, ist da ein Igel, denn sie animiert oft Igel und ist dann ganz enttäuscht, wenn die nicht mitspielen wollen. Doch dann hat Afra zu knurren angefangen und ist langsam rückwärts gegangen, so als ob ihr etwas unheimlich wäre. Da wusste ich, irgendetwas stimmt da nicht, denn so verhält sie sich nur, wenn ihr etwas nicht geheuer ist. Ich bin dann hingegangen und habe den Toten liegen sehen. Ich habe sofort mein Handy genommen und die Polizei angerufen.»

«Ist Ihnen etwas aufgefallen? Haben Sie etwas hier verändert oder den Ermordeten angefasst?», fragte Kesselring.

«Ich war ganz einfach schockiert, Herrn Neuenschwander erschossen vorzufinden. Ich kenne ihn. Nicht näher, aber er ist bekannt im Dorf, als Anwalt und Kirchgemeindepräsident. Nein, etwas verändert oder den Toten berührt habe ich nicht.»

Freitag, 10. September 2004, 6.25 Uhr
Tippschigen. Fouralèsstrasse 5. Im Haus des Ermordeten

Sophie Bütikofer, die Gemeindepräsidentin, drückte die Klingel. Pfarrer Hugentobler hatte auf dem ganzen Weg zum Haus Neuenschwanders, immerhin etwa zehn Minuten zu Fuss, nichts gesagt. Kesselring hatte sich von Bütikofer

19

informieren lassen, dass der ermordete Jürg Neuenschwander zur lokalen Prominenz gehörte. Die beiden hatten das gleiche Parteibuch, kannten sich gut. Bütikofer wirkte schockiert, blieb jedoch gefasst. Ganz die Kommunalpolitikerin, die einer schweren, aber unausweichlichen Aufgabe entgegengeht.

Das Haus Neuenschwanders lag in einem gediegenen Wohnquartier. Grosse, geräumige Häuser – um nicht zu sagen: Villen – säumten die schmale Strasse. Vor den Häusern Rasenflächen und gepflegte Blumengärten. Grosszügige Einfahrten zu ebenso grosszügigen Garagen. Nobel und teuer, dachte Kesselring, als sie den geschmackvoll gestalteten Fussweg zur Haustür – Granitsteinfliesen, gesäumt von Rosenhecken und einer Art Pergola – entlanggingen.

Die Tür ging auf. Eine attraktive Frau im mittleren Alter sah sie erstaunt an. Ihr Blick wanderte von einem zum anderen, blieb an Kesselring hängen, den sie nicht kannte. Dann veränderte sich ihr Gesichtsausdruck, sie begann zu ahnen, dass etwas passiert sein musste.

Pfarrer Hugentobler ergriff die Initiative.

«Erika, wir müssen dir eine schlimme Nachricht überbringen. Dürfen wir hereinkommen?»

«Bitte», antwortete sie, leicht verwirrt. Im Wohnzimmer forderte sie die Besucher auf, sich in der ledernen Sitzgruppe niederzulassen. Wieder ergriff der Pfarrer das Wort.

«Erika, heute Morgen wurde Jürg im Pfarrgarten gefunden. Er ist erschossen worden. Wahrscheinlich ein Überfall. Mir fehlen die Worte. Es tut mir sehr Leid.» Er reichte der Witwe die Hand. «Mein aufrichtiges Beileid, Erika.»

Kommissar Kesselring räusperte sich. Er konnte sich nicht an solche Situationen gewöhnen, obwohl er schon unzählige Todesnachrichten hatte überbringen müssen.

«Mein Name ist Kesselring. Ich bin Kriminalkommissar. Wie Herr Pfarrer Hugentobler richtig gesagt hat, ist Ihr

Mann in dieser Nacht ermordet worden. Ich kondoliere Ihnen.»

Erika Neuenschwander blickte ihn mit ausdruckslosen Augen an. Sie sagte kein Wort. Auch Sophie Bütikofer, die Gemeindepräsidentin, drückte der Witwe mit bedauernden Worten die Hand.

Nach einer Weile sagte die Witwe tonlos in die Stille: «Danke. Danke für das Überbringen der Nachricht und für Ihre Kondolenz.»

Ihr Gesicht wirkte wie versteinert. Unbeweglich. Kesselring fragte sich unwillkürlich, ob sich hinter dieser Versteinerung etwas verbarg. Wusste oder ahnte sie etwas?

Es war wieder Hugentobler, der die Stille durchbrach. Kommissar Kesselring war froh darum und bewunderte die gefasste Ruhe dieses Pfarrers, der jetzt wie selbstverständlich vorschlug, ein kurzes Gebet zu sprechen. Das ist genau das, was es jetzt braucht, dachte Kesselring. Was soll man auch sonst sagen? Ich stehe dann immer nur da wie ein Klotz und verabschiede mich so schnell wie möglich.

Hugentobler nahm eine Kerze aus seiner Tasche. «Eine Heimosterkerze», erklärte er. «Ich zünde sie an als Symbol für das ewige Leben.»

Dann sprach er in einfachen Worten ein Gebet, in dem er Gott bat, ihnen beizustehen in dieser Zeit. Der Seele Neuenschwanders Frieden wünschte. Und allen den Segen Gottes. Zum Abschluss beteten sie gemeinsam das Unservater.

Danach herrschte für ein paar Minuten Stille. Ein andächtiger Augenblick. Da kann ich was lernen, dachte Kesselring.

«Ich danke Ihnen», sagte Erika Neuenschwander nach einer Weile. «Ich denke, es gibt nichts mehr zu sagen.»

Als sie schon draussen standen, wandte sich Kesselring an sie: «Ich weiss, es ist unpassend, aber es ist meine Pflicht.

Ich muss mit Ihnen sprechen. So bald wie möglich. Wann würde es Ihnen passen?»

Die Frau schaute ihn ein paar Sekunden lang an. «Jetzt, wenn Sie wollen. Kommen Sie nochmals herein.»

Pfarrer Hugentobler schüttelte ihr zum Abschied die Hand. «Wenn ich etwas für dich tun kann, ich bin jederzeit für dich da.»

«Danke, Christoph.» Dann gingen Hugentobler und Bütikofer mit langsamen Schritten den Fussweg hinunter.

«Sie wollen mich sicher fragen, ob ich meinen Mann in dieser Nacht nicht vermisst habe. Schliesslich ist er nicht nach Hause gekommen. Nun, ich muss Ihnen sagen, nein, ich habe ihn nicht vermisst.»

Erika Neuenschwander blickte Kesselring ernst an. Der nahm einen Schluck des ausgezeichneten Kaffees, den sie ihm gebracht hatte.

«Ich will offen zu Ihnen sein. Jürg war oft nächtelang nicht zu Hause. Wir haben bereits vor etwa zwanzig Jahren aufgehört, darüber zu streiten. Ich habe es akzeptiert. Seine Frauengeschichten. Mein Mann geht zu Prostituierten. Regelmässig. Manchmal hat er auch noch Geliebte. In verschiedenen Altersstufen, er hat schon alles ausprobiert, von ganz jung über etwas weniger jung bis hin zu reiferen Damen. Entschuldigen Sie meinen Ton, ich werde zynisch. Wir haben uns nichts vorgemacht, ich habe mich auch nicht mehr darum gekümmert. Wir haben jeder für sich gelebt. Getrennte Schlafzimmer inklusive. Wenn Jürg also gestern nicht nach Hause gekommen ist, hat mich das keine Sekunde beschäftigt. Ich bin es gewohnt.»

«Warum haben Sie sich nicht von Ihrem Mann getrennt?», fragte Kesselring. Die Frage platzte aus ihm heraus. Eine Frau, die so attraktiv war wie sie, musste sich so etwas doch nicht gefallen lassen. Kesselring fragte sich, ob sie auch ihre Liebschaften hatte, aber das ging ihn nichts an.

«Ich war zu bequem, ehrlich gesagt. Sehen Sie, dieses Arrangement hat gut geklappt, und es hat mir ein ruhiges Leben in Wohlstand ermöglicht. Das war eigentlich der einzige wirkliche Vorteil, den Jürg mir brachte: Er hat gut verdient.»

«Wissen Sie, was ihr Mann gestern Abend vorhatte?»

«Soweit ich weiss, war da eine Kirchgemeinderatssitzung. Er ist seit etwa drei Jahren Präsident. Aber ich bin mir nicht sicher, fragen Sie bitte im Sekretariat nach. Oder in beiden Sekretariaten – dem der Kirchgemeinde und dem des Anwaltsbüros. Jürg hat mir nicht immer gesagt, was er macht, und, wie gesagt, es hat mich auch nicht interessiert.»

Sie schwieg einen Augenblick. «Ich fühle nichts, jetzt, da er tot ist. Ich sehe nur einen Riesenberg Arbeit auf mich zukommen, Beerdigung, Papierkram und so weiter.»

«Ich weiss, dass diese Frage etwas deplatziert ist, aber ich stelle sie Ihnen trotzdem, Frau Neuenschwander: Kennen Sie jemanden, der ein Interesse gehabt haben könnte, Ihren Mann umzubringen?»

«Ich dachte, es war ein Überfall. So habe ich Pfarrer Hugentobler verstanden.»

«Wir wissen es nicht mit letzter Sicherheit. So oder so, bitte beantworten Sie meine Frage.» Erika Neuenschwander nahm einen Schluck Kaffee, überlegte einen Augenblick.

«Nein», sagte sie dann. «So weit würde niemand gehen.»

Dienstag, 15. Januar 2001, abends
Bern. Länggassquartier. Gesellschaftsstrasse 121
Eine Studentenwohnung

Livia Calderoni war glücklich verliebt. Nicht zum ersten Mal, sicher, doch diesmal hatte sie das sichere Gefühl, dass mehr daraus würde als ein One-Night-Stand. Und es war auch fast das erste Mal, dass sie *wollte*, dass mehr daraus würde. Sie, die sonst stolz darauf war, dass sie sich von keinem Mann binden liess und «ich mir den Sex hole, wann immer ich will», wie sie sich gern ausdrückte, «aber keinen Typen auch nur einen Tag länger habe, als ich ihn brauche».

Sie hatten sich im Kino kennen gelernt. Zufälligerweise hatten sie beim Film «Matrix» nebeneinander gesessen. Beide waren alleine dort. In der Pause waren sie, er ein grosses Eis lutschend, sie Popcorn knabbernd, ins Gespräch gekommen und hatten dabei ihre gemeinsame Vorliebe für gute Actionfilme entdeckt. «Matrix» fand er absolut «geil», wie er sich etwas teenagerhaft ausdrückte.

Nach dem Film lud er sie noch zu einem Drink ins nahe gelegene «Pickwick» ein, danach «zu einem letzten Schlummertrunk» in seine Studentenbude. Sie hatte nicht einmal versucht, ihm zu widersprechen, so verzaubert war sie.

Drittes Kapitel,

in dem ein Anwalt befragt wird
und Sascha Lüthi überrumpelt ist

Freitag, 10. September 2004, vormittags
Tippschigen. Stappelisacker 73. Eine Vierzimmerwohnung

Die Bilder der Nacht kamen zurück. Das Gefühl der Genug-
tuung stellte sich wieder ein.

Sie war später als sonst aufgewacht. Zehn Uhr. Schliess-
lich war sie spät ins Bett gekommen. Das Bett neben ihr war
bereits leer. Sie hatte nicht bemerkt, wie er aufgestanden
und gegangen war. Sonst wurde sie durch den Lärm ge-
weckt, stellte sich aber immer schlafend.

Sie blieb liegen, dachte an die vergangenen Monate zu-
rück. Wie sie vor etwa zwei Jahren als Putzfrau bei Neuen-
schwanders zu arbeiten begonnen hatte. Und wie dann Jürg
zufälligerweise einmal nach Hause gekommen war, als sie
dort arbeitete. Ein charmanter Mann, er hatte bezaubernd
sein können.

Machte ihr sofort Komplimente. Und sie, wegen ihres
trinkenden Mannes und ihrer Ehekrise, war dafür mehr als
nur empfänglich. Innerhalb weniger Wochen war sie tief in
diese Affäre verstrickt, wartete sehnsüchtig auf ihren Putz-
tag bei Neuenschwanders. Und Jürg kam jedes Mal vorbei.

Jetzt, im Bett liegend, verstand sie sich selbst nicht mehr.
Er wollte ja nur Sex, nichts weiter. Mehr war da nicht. Doch
in jener Zeit war es ihr gleichgültig gewesen. Die wöchent-
lichen Treffen mit Jürg waren ihr einziger Lichtblick, Inseln,
die aus dem Nebel auftauchten. Kostbare Momente in ihrem
Leben, das sie sonst zunehmend als nutzlos empfand.

Natürlich war mit der Zeit das schlechte Gewissen gekommen. Wie hätte es auch anders sein können. Doch sie hatte es lange unterdrückt, verdrängt. Das Gespräch mit Pfarrer Hugentobler, auf das sie sich dann doch eingelassen hatte, war ein Reinfall gewesen.

Und gestern aus heiterem Himmel: Jürgs Zurückweisung. Vollkommen unerwartet. Sie war wie gelähmt gewesen. Ihre Reaktion hatte sie selbst überrascht in ihrer Heftigkeit und Entschiedenheit.

Ich bereue nichts, sage sie laut in den Raum. Nichts.

Eine ungeahnte Leichtigkeit ergriff sie.

Freitag, 10. September 2004, 11.20 Uhr
Bern. Waisenhausplatz 32. Polizeipräsidium
Kommissar Kesselrings Büro

Kesselring blätterte im Mitgliederverzeichnis des Schweizerischen Anwaltsverbands. Jürg Neuenschwander war als Mitglied des Bernischen Verbands aufgeführt, ebenso sein Partner Rolf Häberli. Jahrgang 1946, 1972 das Patent erlangt, las er. Im Gegensatz zu vielen anderen hatte Neuenschwander keinen Doktortitel.

Im Internet sah Kesselring die Website durch: www.neuenschwander-haeberli.ch. Eine professionell gestaltete Homepage. Sie waren spezialisiert auf Vermögensverwaltung.

Kesselring vereinbarte mit der Sekretärin einen Termin mit Rolf Häberli.

Freitag, 10. September 2004, 15.05 Uhr
Bern. Waisenhausplatz 32. Polizeipräsidium, Sitzungszimmer

«Ich halte das für einen ganz normalen Raubmord. Der Täter begegnet dem Opfer mitten in der Nacht, will Neuenschwander ausrauben, der wehrt sich, der Täter zieht die Waffe, erschiesst ihn, zieht ihn ins Gebüsch, durchwühlt seine Taschen, nimmt mit, was er findet, und haut dann ab.»

Kesselring hatte zu einer Standortbestimmung und zur Verteilung der weiteren Arbeit gerufen. Das Sitzungszimmer war voller Beamter mit angespannten Gesichtern. Es war kurz nach fünfzehn Uhr. Isabelle Rutschi, eine der Assistentinnen, war sich also sicher. Kesselring seufzte. Immer und immer wieder versuchte er seine Leute darauf zu trimmen, zunächst die richtigen Fragen zu stellen, danach die Fakten zu sammeln und erst am Schluss mögliche Schlüsse zu ziehen. Und wenn, dann bitte alle Möglichkeiten in Betracht zu ziehen. Kesselring hasste Schnellschüsse. Sie trübten den Blick.

«Danke, Isabelle. Wir stehen ganz am Anfang. Wir wissen nichts, abgesehen von dem, was wir am Tatort gesehen haben. Und selbst das ist noch nicht analysiert. Ich danke allen, dass ihr gekommen seid. Es geht mir vor allem darum, die nötige Arbeit so schnell wie möglich zu delegieren. Sascha hat einen Aktionsplan erstellt. Sascha, bitte.»

Der Assistent schaltete den Beamer ein, ein Schaubild wurde an der Wand sichtbar. Es zeigte ein Bild vom Tatort. Dann ein zweites, drittes. Bilder von der Umgebung, von den Schaulustigen. Eine Checkliste. «Ihr kennt alle den Vorgehensplan in solchen Fällen», sagte Lüthi. «Die Resultate der Obduktion werden erst Mitte nächster Woche zugänglich sein. Die ersten Befragungsprotokolle müssen heute Nachmittag, siebzehn Uhr, bei mir sein. Die meisten von uns wissen, was sie zu tun haben. Ihr wisst auch, was dieser

Mord für uns bedeutet: Viele müssen das freie Wochenende streichen.»

«Wir haben eine erste Analyse des Umfelds des Ermordeten vorgenommen», ergriff der Kommissar wieder das Wort. «Ihr erhaltet das gleich schriftlich. Ich hebe die wichtigsten Punkte hervor.» Auf ein Nicken hin liess Sascha Lüthi das nächste Schaubild aufleuchten. «Der Erschossene heisst Jürg Neuenschwander, achtundfünfzig Jahre alt. Jurist, Anwalt, Mitinhaber des Notariatsbüros Neuenschwander & Häberli in Tippschigen. Verheiratet, zwei erwachsene Kinder. Wohnt in Tippschigen. Vizepräsident des kantonalen Anwaltsverbands, Mitglied des lokalen Lions Club. Mitglied einer bürgerlichen Partei, politisch nicht sehr aktiv. Seit über zwei Jahren Präsident der Kirchgemeinde Tippschigen. Sascha, mach du bitte weiter.»

«Vom unmittelbaren Tathergang wissen wir wenig: Gestern Abend fand eine Sitzung des Kirchgemeinderates Tippschigen statt, die Herr Neuenschwander als Präsident geleitet hat. Das Sekretariat der Kirchgemeinde hat dies bestätigt. Die Sitzung dauerte etwa bis halb elf. Anwohner haben später einen Knall gehört, kurz nach Mitternacht. Sie dachten, es handle sich um einen Feuerwerkskörper. Die Leiche wurde heute Morgen, um etwa halb sechs Uhr, von einer Spaziergängerin gefunden, die mit ihrem Hund unterwegs war und Jürg Neuenschwander gekannt hat. Er wurde erschossen, offensichtlich mit einem gezielten Schuss zwischen die Augen. Die Leiche wurde etwa sieben Meter weit geschleift und lag, halb verborgen, unter einem Gebüsch. Die Taschen sind durchwühlt, der Inhalt, was immer das war, ist weg.»

«Es gibt zahlreiche offene Fragen: Was ist in den anderthalb Stunden zwischen dem Ende der Sitzung und dem Schuss geschehen? Und: War der Knall, den die Anwohner gehört haben, tatsächlich der Schuss, der Neuenschwander getötet hat? Wenn nicht, wird es noch komplizierter.» Kesselring sah nicht von seinen Notizen auf. «Lässt sich aufgrund des Projektils etwas über die Waffe aussagen? Lassen sich daraus Rückschlüsse über die Täterschaft ziehen? Handelt es sich um einen schief gegangenen Diebstahl, der tödlich endete? Oder hat der Mord einen ganz anderen Hintergrund, sind die durchwühlten Taschen womöglich nur ein Ablenkungsmanöver? Oder sind alle diese Fragen falsch, und es geht um etwas ganz anderes? Wer hätte Grund gehabt, Jürg Neuenschwander umzubringen?» Kesselring blickte auf. «Fragen über Fragen, wie ihr seht. Und das ist erst der Anfang.» Dabei sah er Isabelle Rutschi an. Sie sagte nichts.

«Sascha und ich werden heute noch einige Befragungen durchführen. Im Notariatsbüro des Ermordeten, in seiner Familie und in der Kirchgemeinde. Fragen?»

«Wer geht am nächsten Sonntag nach Tippschigen in die Predigt? Die Schäfchen und der Pfarrer gehören doch wohl auch zu den Verdächtigen. Schliesslich ist der Mord im Pfarrgarten geschehen», frotzelte Sven Kappeler, einer der Fotografen. Alle lachten. Kesselring blickte ihn an. «Ich, warum?» Nachdem das Gegröle verstummt war, fuhr er fort: «Ich habe mit Pfarrer Hugentobler einen Termin gleich nach dem Gottesdienst. Ich werde vorher seine Predigt besuchen. Wenn jemand aus diesem zynischen Haufen mitkommen will, ist er selbstverständlich dazu eingeladen.»

Freitag, 10. September 2004, 16.15 Uhr
Tippschigen. Schützenstrasse 8
Notariatsbüro Neuenschwander & Häberli

Rolf Häberli war ein schwergewichtiger, zurückhaltend wirkender Mann. Elegant, aber konservativ gekleidet. Grauer Massanzug. Ein unauffälliger Mittfünfziger, dem selbstbewusster Reichtum anzusehen war. Der Partner von Jürg Neuenschwander empfing Kesselring in seinem Büro und liess Kaffee servieren. Die Sekretärin, welche die Tassen auf den Tisch stellte, hatte Kesselring mit verhalten fragenden Blicken empfangen und ins Büro Häberlis begleitet. Sie trug ein Kostüm, das ihre leicht mollige Figur perfekt kleidete und sie eine besondere Art unschuldiger Anziehungskraft ausstrahlen liess. Sie wirkte auf Kesselring trotz ihren wahrscheinlich knapp fünfzig Jahre überraschend jugendlich.

Häberlis Büro strahlte gediegene Diskretion aus. Möbel aus Massivholz, schwere Sessel. In Leder gebundene Gesetzesbücher in dunklen Bücherregalen.

«Ich bin natürlich sehr betroffen. Erschossen, ganz fürchterlich. Wer tut so etwas?», begann der Anwalt.

«Das versuchen wir herauszufinden», erwiderte Kesselring sachlich. Ein Satz, den er schon tausendmal gesagt hatte. Das galt auch für den nächsten. «Wie war Ihr Verhältnis zum Ermordeten, Herr Häberli?»

Häberli nahm einen Schluck Kaffee, blickte in die Tasse und schwieg einen Augenblick. Kesselring war sich sicher, dass dies eine antrainierte Masche war, die tiefen Ernst suggerieren sollte. Wahrscheinlich wandte er dieses Ritual bei Kunden und Verhandlungspartnern an, um Eindruck zu schinden. Kesselring spürte sofort Antipathie.

«Wie soll ich das formulieren, Herr Kesselring? Jürg und ich, wir arbeiten jetzt seit zehn Jahren eng zusammen. Da kommt man sich natürlich näher.»

«Sie haben eine Geschäftspartnerschaft, habe ich das richtig verstanden?» «Ja. Ich habe die Firma von meinem Vater übernommen. Der Name Häberli steht weit über Tippschigen hinaus für Tradition, Zuverlässigkeit und Qualität. Das ist für ein Anwaltsbüro sehr wichtig, wenn Sie wissen, was ich meine.» Ja, das verstand Kesselring.

«Und Herr Neuenschwander ist dann ins Geschäft eingestiegen?»

«Ja, Jürg und ich kannten uns vom Lions Club. Ich habe ihn vor etwa zehn Jahren gefragt, ob er mein Partner werden wolle. Das Angebot hat für ihn damals gerade gepasst, und er hat akzeptiert.»

«Herr Neuenschwander leitete gestern Abend eine Sitzung des Kirchgemeinderats. Vom Ende der Sitzung bis zum Mord fehlen etwa anderthalb Stunden. Haben Sie eine Ahnung, was er zwischen halb elf und etwa Mitternacht getan hat?»

Häberli zog wieder seine alberne Show durch: Tasse gedankenversunken in die Hand nehmen, sie kurz anschauen, bedächtig einen Schluck Kaffe trinken, nochmals in die Tasse schauen. Kesselring begann sich über diesen aufgeblasenen Wichtigtuer zu ärgern. Ruhig, Peter, sagte er zu sich. Denk daran, solche Schleimer gibt es überall. Sie beherrschen die Welt. Es lohnt sich nicht, sich über sie aufzuregen.

«Nein, ich kann Ihnen nicht weiterhelfen. Ich war in der Nacht von gestern auf heute zu Hause in Muri, bei meiner Familie. Und, bevor Sie fragen: Nein, ich kann mir niemanden vorstellen, der ein Interesse gehabt haben könnte, Jürg umzubringen.»

«Manche Umstände deuten darauf hin, dass es sich um einen Raubmord handelt», entgegnete Kesselring. «Oder könnte etwas anderes dahinter stecken? Hatte Herr Neuenschwander Feinde?»

Häberli dachte einen Augenblick nach. «Nein, wie ich schon sagte, ich wüsste niemanden, der ein Interesse daran gehabt haben könnte, Jürg umzubringen. Kann ich sonst noch etwas für Sie tun? Sie werden verstehen, dass ich sehr beschäftigt bin. Der Tod meines Partners bringt eine enorme Zusatzbelastung für uns. Wir werden heute bis in die Nacht hinein arbeiten müssen, um Kunden zu informieren und das Allernötigste in die Wege zu leiten.»

«Ich bin gleich fertig. Nur eine Frage noch: Warum heisst Ihre Firma Neuenschwander & Häberli und nicht umgekehrt, Häberli & Neuenschwander?»

Häberli konnte seinen Missmut über die Frage nur mit Mühe unterdrücken. Kesselring schien einen wunden Punkt getroffen zu haben.

«Eine PR-Firma hat uns dazu geraten. Den längeren Namen zuerst. Leichter zu merken, besser in ein Logo zu integrieren. Jetzt muss ich mich aber leider entschuldigen.»

Kesselring liess sich nicht drängen. Langsam kramte er ein Notizbuch hervor und machte sich sorgfältig Notizen. Es war ganz still im Büro. Man hörte nur das leichte Kratzen des Bleistifts auf dem Papier.

«Nur damit ich nichts Falsches aufschreibe», sagte der Kommissar nach einigen Minuten, «den längeren Namen, also Neuenschwander, zuerst. Aus werbetechnischen Gründen. Habe ich das richtig verstanden?»

Häberli nickte. Mit zusammengekniffenen Lippen.

Freitag, 10. September 2004, 16.20 Uhr
Tippschigen. Kirchgemeindehaus. Im Sekretariat

Sascha Lüthi war völlig überrumpelt. Barbara Liechti, die Sekretärin der Kirchgemeinde, war aussergewöhnlich hübsch. Seine Vorstellung von Kirchensekretärinnen, das merkte er jetzt, war eine andere: verschrumpelte, ältliche Damen in stickigen Räumen mit uraltem Mobiliar, die wahrscheinlich ihre Briefe noch mit einer klapprigen mechanischen Schreibmaschine tippten. Betont freundlich, gleichzeitig mit einem leidend-säuerlichen Zug um die Lippen. Missionarisch angehaucht, jederzeit bereit, einem irgendein frommes Traktat in die Hand zu drücken oder einen in eine Evangelisations-veranstaltung einzuladen und, bewahre, gleich noch mit-zuschleppen.

Die Sekretärin war sich ihrer Reize durchaus bewusst und spielte sie auch aus. Das blonde, lange Haar trug sie offen. Sie war dezent, aber wirkungsvoll geschminkt. Trug ein enges Kleid, das ihre Figur betonte. Kein langer Rock, sondern Mini. Schade, dachte Lüthi, mann und frau müsste sich in einer anderen Situation begegnen. Er schielte auf ihre Hand. Kein Ehering. Sie bemerkte seinen Blick und sagte: «Geschieden. Seit einem Jahr.» Lüthi fühlte sich ertappt, meinte dann aber entwaffnend: «Ich nicht, immer noch ledig.» Sie lächelte. Nicht gerade auffordernd, aber immerhin. Da wurde keine Tür zugeschlagen. Keine einzige. Alle Achtung, dachte Lüthi, Kirche einmal anders.

«Wir haben ein Problem mit dem zeitlichen Ablauf von gestern Abend, Frau Liechti. Wir wissen, dass Herr Neuenschwander eine Sitzung des Kirchgemeinderats geleitet hat. Diese soll um zehn Uhr dreissig zu Ende gewesen sein. Waren Sie eigentlich auch dabei?»

«Es gehört zu meinen Pflichten, jeweils das Protokoll zu schreiben», antwortete sie. «Ja, die Sitzung war sogar noch etwas früher fertig. Warten Sie ...», sie blätterte kurz in ihren Notizen, «... da, um zweiundzwanzig Uhr zwanzig, habe ich notiert.»

«Der Mord ist wahrscheinlich kurz nach Mitternacht passiert. Haben Sie eine Ahnung, wo Herr Neuenschwander nach der Sitzung gewesen sein könnte?»

«Das kann ich Ihnen ziemlich genau sagen. Er war hier, in diesem Büro. Jürg hatte die Angewohnheit, nach den Sitzungen hier noch eine Weile für die Kirchgemeinde zu arbeiten. Ich lege ihm jeweils die wichtigsten Pendenzen auf den Tisch, vor allem Briefe, die er unterschreiben sollte. Heute Morgen waren sie bearbeitet, er muss recht lange geblieben sein, denn es war ein ziemlicher Stoss Papier. Das kann gut und gerne bis Mitternacht gedauert haben.» Barbara Liechti zog einen Stapel mit Blättern hervor. «Hier, und zuoberst ein Zettel mit Aufträgen an mich.» Sie verzog leicht das Gesicht.

Sascha Lüthi hakte sofort nach: «Was für ein Mensch war er?»

«Wie meinen Sie das?», fragte die Sekretärin mit betont unschuldiger Miene.

«Wie er war, als Arbeitgeber, als Vorgesetzter, als Mensch. Wie war Ihre Beziehung zu ihm?»

«Zwischen uns war nichts, falls Sie auf so etwas anspielen», versetzte sie.

Lüthi schaute sie fragend an.

«Ach, dann haben Sie die Gerüchte noch nicht gehört? Eine Kirchgemeinde ist wie ein Treibhaus, warm bis überhitzt, da werden in rasendem Tempo Gerüchte verbreitet, ehe es einen Grund dafür gibt. Und natürlich insbesondere dann, wenn es tatsächlich einen geben könnte.»

Sie neigte sich langsam zu ihm hin und sprach in verschwörerischem Tonfall. «Wissen Sie, zwischen dem Neuenschwander und der Liechti ist wahrscheinlich etwas. Das hat mir jemand gesagt, dessen Glaubwürdigkeit über jeden Zweifel erhaben ist.» Sie lehnte sich wieder zurück und lachte schallend. Lüthi lächelte, etwas überrascht.

«Lag denn etwas in dieser Richtung in der Luft?»

Sie sah ihm direkt in die Augen. «Bei Jürg Neuenschwander lag so etwas immer in der Luft. Wenn Sie mich fragen, betrachtete er jede Frau, die nicht auf ihn hereinfiel, als persönliche Niederlage. Er hielt sich für unwiderstehlich. Und bevorzugte blonde Frauen.»

«Da hatten Sie ja gute Karten. Waren Sie auch eine Niederlage für ihn?»

«Sieht so aus. Er hat es auf jeden Fall versucht. Die übliche Masche, zufällige Berührungen, unangebrachte Komplimente.»

«Und wie haben Sie darauf reagiert?»

«Als wir einmal zusammen auf dem Bildschirm ein Protokoll anschauten, streifte er mit seiner Hand meinen Busen. Unabsichtlich, wir verstehen uns. Wie das halt so passieren kann. Am nächsten Tag habe ich ihm eine Broschüre in die Hand gedrückt, in der es um sexuelle Belästigung am Arbeitsplatz geht. Und um mögliche Konsequenzen. Seither war Ruhe.»

Lüthi grinste.

«Und sonst?»

«Als Vorgesetzter war er, wie soll ich sagen, korrekt, freundlich.»

Lüthi wartete. Lektion eins in Fragetechnik, sagte er zu sich. Warten, nichts fragen. Schweigen. Da ist doch noch etwas, das ich gerne hören möchte.

«Neuenschwander wusste, was er wollte», sagte sie schliesslich, etwas zögernd. «Er war manchmal etwas pingelig. Konnte streng sein.»

«Kein sehr angenehmer Chef also, habe ich das richtig verstanden?», hakte Lüthi nach.

«So kann man es nicht sagen. Er hatte seine Macken, konnte ekelhaft sein, wenn er schlechter Laune war. Aber insgesamt in Ordnung. Ich habe schon wesentlich üblere Vorgesetzte gehabt.»

«Ich frage Sie jetzt sehr direkt», sagte Lüthi und blickte ihr in die Augen, «Sie wirken über seinen Tod weder schockiert, noch scheint Sie der Mord sehr betroffen zu machen. Können Sie mir erklären, warum?»

Sie überlegte einen Augenblick. «Vielleicht trauere ich ihm keinen Augenblick lang nach.»

Freitag, 10. September 2004, 18.00 Uhr
Bern. Bubenbergplatz 9. Markthalle. Restaurant Kabuki

Sie trafen sich in der Stadt zum Essen. Lüthi wollte unbedingt das japanische Restaurant in der Markthalle ausprobieren. Jetzt sassen sie da, draussen im Patio, über ihre Sushi-Häppchen gebeugt. Nicht schlecht, dachte Kesselring, der so etwas zum ersten Mal ass.

«Rolf Häberli, der Partner von Neuenschwander, war nicht sehr gesprächig», begann Kesselring. «Zwischen den beiden bestanden eindeutig Spannungen, doch Häberli rückt nicht damit heraus. Mimt ganz den diskreten Anwalt.»

«Vielleicht verrät die Sekretärin mehr», schlug Lüthi vor. Er war gut gelaunt und kaute genüsslich. Beim Essen beobachtete er die Leute, welche die Metalltreppe herunterkamen und dann entweder im türkischen Restaurant gleich nebenan verschwanden oder vergeblich einen freien Platz im «Kabuki» suchten.

«Hab's versucht, nach dem Gespräch mit Häberli. Bin abgeblitzt. Eine ältere Essiggurke», winkte Kesselring ab.

«So kann man sich täuschen. Ich habe immer gemeint, Anwälte hätten hübsche Sekretärinnen, mit denen sie ins Bett steigen, und in Kirchgemeinden beschäftigten sie Schreckschrauben. Und heute treffe ich im Kirchgemeindehaus die Zwillingsschwester von Julia Roberts. Hast du ihren Film ‹Erin Brokovich› gesehen? So sexy ungefähr. Danke, dass du mich ins Kirchgemeinde-Sekretariat geschickt hast», frotzelte Lüthi.

«Hast du nur mit ihr geflirtet oder sie auch noch befragt?»

«Beides. Und beides hat sich gelohnt.» Lüthi grinste. «Sie ist nicht übertrieben traurig, dass Neuenschwander nicht mehr lebt. Und sie hat das Rätsel der anderthalb fehlenden Stunden gelöst. Neuenschwander hat in ihrem Büro nach der Sitzung noch für die Kirchgemeinde gearbeitet.»

Kesselring sah ihn fragend an.

«Das scheint so üblich zu sein, frag mich nicht. Eine Abmachung zwischen Neuenschwander und der Sekretärin.»

«Dann wissen wir das also. Neuenschwander sitzt bis Mitternacht über seinen Papieren, verlässt das Kirchgemeindehaus, will nach Hause gehen und wird auf dem Weg erschossen und ausgeraubt. Was denkst du, war es ein Raubmord?»

«Was soll es sonst gewesen sein? Mord? Wer denn? Sein Partner? Warum denn? Seine Frau, die die Schnauze voll hatte von seinen sexuellen Abenteuern? Aber warum gerade jetzt, warum nicht schon früher? Ein Kunde aus seinem Büro? Oder, ich wage es kaum zu sagen, ein Pfarrer?» Lüthi lachte laut auf. «Bei einer Kirchgemeinde, die eine solche Sekretärin beschäftigt, sind doch noch ganz andere Dinge möglich.»

Du scheinst ja echt Feuer gefangen zu haben, wollte Kesselring sagen, da klingelte sein Handy. «Ein Anruf für dich, Peter», sagte der Beamte am anderen Ende, «ich verbinde auf dein Handy.»

«Widmer am Apparat, Widmer Beat. Ich wohne in Tippschigen. Ich habe wichtige Informationen für Sie. Ich sage das aber nicht gerne am Telefon. Können Sie zu mir kommen?»

Donnerstag, 20. März 2001, nachts
Bern. Länggassquartier. Gesellschaftsstrasse 121
Eine Studentenwohnung

Livia Calderoni schwebte im siebten Himmel. Immer noch. Es hatte gehalten, und sie war sicher, dass sie zusammenbleiben würden. Sie verstanden sich gut, auch im Bett, das war seit jenem Kinobesuch gleich geblieben.

Er schlief nachher immer sofort ein, während sie meist noch eine Weile wach blieb. Auch heute Abend lag sie neben ihm, eng an ihn geschmiegt, und dachte an das Gespräch, das sie im Restaurant geführt hatten.

Sie hatte ihm ihr Herz ausgeschüttet. Sie musste reden darüber, mit jemandem, dem sie vertrauen konnte. Die Sache belastete sie. Bestechung war zwar, wie sie mittlerweile wusste, in dieser Branche üblich, vor allem, seit viele Investoren auf ihrem Geld sassen und es irgendwo parkieren wollten. Niemand wollte mehr auf Aktien setzen, der grosse Run auf Bauprojekte hatte eingesetzt. Da war man schon bereit, etwas nachzuhelfen, falls dies etwas nützte.

Sie selbst hatte die Überweisung tätigen müssen, im Auftrag ihres Chefs. Je dreihunderttausend. Schmiergeld, ein anderes Wort fand sie dafür nicht. Schockiert hatte sie nicht die Tatsache an sich – ähnliche Zahlungen hatte sie bereits mehrfach anweisen müssen –, sondern dass sie an Kirchgemeinderäte gingen.

Er hatte zuerst etwas zerstreut, dann immer aufmerksamer zugehört. Am Schluss hatte er sie lange angeschaut. «Tippschigen?», fragte er. «Interessant. Daraus lässt sich etwas machen. Etwas für uns beide.»

Livia Calderoni lächelte und schlief langsam in seinen Armen ein.

Viertes Kapitel,

in dem Verborgenes ans Licht kommt
und Kommissar Kesselring eine dumpfe Ahnung hat

Freitag, 10. September 2004, 19.25 Uhr
Tippschigen. Metallgasse 37a. Im Garten von Beat Widmer

Widmer wohnte, wie sich herausstellte, in einer der Über-
bauungen aus den Siebzigerjahren. Reihenhäuser, die bereits
eine erste Renovation hinter sich hatten. Widmer hatte einen
Wintergarten angebaut, vor dem auf einem kleinen, gepfleg-
ten Rasen ein Tisch und drei Stühle standen. Die Ehefrau
des Rentners hatte sich kurz zu ihnen gesetzt, sich aber dann
zurückgezogen.

«Ich will, dass Sie die ganze Wahrheit wissen über Neuenschwander & Häberli. Man spricht hier nur hinter vorgehaltener Hand über diese Dinge. Aber jetzt, da Neuenschwander nicht mehr lebt, darf dies nicht verschwiegen
werden.»

«Woher wissen Sie denn bereits, dass der Tote Herr Neuenschwander ist?», fragte Kesselring. Im Radio war erst
über einen Mord in Tippschigen berichtet worden. Den Namen hatte man noch zurückgehalten.

Widmer lachte. «Tippschigen ist ein Dorf. Lassen Sie
sich nicht dadurch täuschen, dass es eine Agglomerations-
gemeinde ist. Die Leute kennen sich, die Ermordung Neuenschwanders ist Dorfgespräch. Ich habe es heute Morgen
beim Einkaufen gehört.»

«Erzählen Sie mir von Jürg Neuenschwander und Rolf
Häberli.»

«Beide sind in Tippschigen aufgewachsen. Sie waren in
der Schulzeit dicke Freunde. Ich weiss das, weil wir Nach-

barn waren. Unsere Familien sind seit Jahrzehnten befreundet. Jürg war schon immer ein Anführertyp, Häberli ein stiller Mitläufer. Kein Wunder, bei diesem Vater. Fritz Häberli war ein senkrechter Patriarch, während Jahren unbestrittener Herrscher in Tippschigen, Gemeindepräsident, sogar eine Zeit lang Grossrat. Vom Typ ‹streng, aber gerecht›, wenn Ihnen das etwas sagt. Sein Sohn hat nie ganz aus seinem Schatten treten können. Ein Wunder, dass Fritz ihm sein Anwaltsbüro überhaupt übergeben hat. Aber er hatte keine Wahl. Zwei Herzinfarkte kurz hintereinander zwangen ihn dazu.»

«Und dann ist Neuenschwander dazugekommen?»

«Ja, kurz nachdem Rolf Häberli das Geschäft übernommen hatte.»

«Und was ist Ihnen jetzt so wichtig, dass wir hier in Ihrem Garten sitzen?»

«Sehen Sie, es war offensichtlich, dass Neuenschwander sofort die Führung an sich gerissen hat. Es gibt sogar Gerüchte, wonach er Häberli ganz aus dem Büro drängen wollte. Für mich sind das nicht Gerüchte, ich *weiss* es. Neuenschwander hat es mir gegenüber unverhohlen zugegeben. Häberli sei ein Weichei, mit dem bringe es das Geschäft zu nichts.»

«Und Sie denken, dass das etwas mit dem Mord zu tun hat?»

Widmer schaute ihn einen Augenblick lang verunsichert an. «Ich denke gar nichts. Für mich ist es wichtig, dass alle Fakten auf den Tisch kommen. Häberli hatte durchaus Gründe, seinen Partner zu hassen.»

«Wegen seines Geschäfts? Reicht das aus?», fragte Kesselring.

«Da ist noch mehr.» Widmer zögerte einen Augenblick. Er rang mit sich. «Neuenschwander hatte ein Techtelmechtel mit der Frau von Häberli. Im Dorf hat dieses Gerücht schon seit Monaten die Runde gemacht. Häberli aber hat es erst vor etwa einer Woche gemerkt. Man munkelt, die beiden sprächen seither nicht mehr miteinander.»

Das war tatsächlich ein interessantes Detail. Häberli merkt, dass seine Frau mit dem Partner ins Bett geht, versucht vielleicht noch, seine Ehe zu retten, wartet auf eine Entschuldigung von Neuenschwander, die kommt nicht, und er dreht durch. Warum nicht?

Freitag, 10. September 2004, 20.10 Uhr
Zum zweiten Mal an diesem Tag:
Tippschigen. Schützenstrasse 8
Notariatsbüro Neuenschwander & Häberli

Kesselring fuhr direkt zu Häberli. Es war tatsächlich so, wie der Anwalt vorausgesagt hatte: Er war im Büro und arbeitete noch.

«Warum haben Sie mir nicht gesagt, dass Ihr Partner ein Verhältnis mit Ihrer Frau hatte?», kam Kesselring ohne Umschweife zur Sache.

Häberli stockte. Schwankte zwischen Wutanfall und Heulkrampf. Jedenfalls hatte Kesselring einen kurzen Augenblick lang diesen Eindruck.

«Ich sehe nicht, warum ich mein Privatleben vor Ihnen ausbreiten sollte», stiess der Jurist hervor, nachdem er sich gefasst hatte.

«Weil Ihr Partner erschossen worden ist und es ja immerhin denkbar sein könnte, dass Sie ihn aus Rache umgebracht haben. Darum. Sie machen sich durch Ihr Schweigen verdächtig.»

«Ich habe meinen Partner nicht getötet. Punkt. Und jetzt verlassen Sie mein Büro.»

Ohne sich zu verabschieden, ging Kesselring.

Freitag, 10. September 2004, 20.30 Uhr
Bern. Waisenhausplatz 32. Polizeipräsidium. Sitzungszimmer

Die Besprechung am Ende des ersten Ermittlungstages begann ohne Kommissar Kesselring, der noch unterwegs war. Sie verlief zügig, konzentriert. Alle hatten gut gearbeitet.

Aus dem Labor lagen erste Resultate vor. Die Haare, die man sichergestellt hatte, stammten vom Ermordeten selbst, von einem Hund sowie von drei weiteren Personen, die noch nicht identifiziert waren. Die Schmauchspuren waren tatsächlich Folge des Schusses. Neuenschwander war also mit an Sicherheit grenzender Wahrscheinlichkeit aus allernächster Nähe erschossen worden.

Das Projektil war bereits aus der Leiche entfernt und untersucht worden. Es handelte sich bei der Tatwaffe um eine Pistole 75, ein SIG-Saurer-Modell. Eine Offizierswaffe. Das konnte eine wichtige Spur sein. Der Tod war, ersten Schätzungen zufolge, zwischen elf und zwei Uhr morgens eingetreten.

«Wir haben zwar keine heisse Spur, jedoch einige Fadenenden, denen wir weiter nachgehen können», fasste Lüthi zusammen.

«Ich eröffne die Diskussion. Wer hat etwas zu sagen?»

«Ich vertrete immer noch meine These vom Raubmord», meldete sich Isabelle Rutschi. «Das Ganze ist nichts weiter als ein dummer Zufall, eine ungewollte Eskalation.»

Kesselring, der gerade hereingekommen war und sie gehört hatte, musste lächeln. Früher hätte er sich über jemanden wie sie aufgeregt. Ganz offensichtlich hatte sie auf stur geschaltet, verbiss sich in eine einmal aufgestellte Theorie. Doch er wusste, dass sie den andern half, schärfer zu denken. Zu überlegen, was gegen diese These sprach.

«Mir geht die Witwe nicht aus dem Kopf. Hat die das nicht etwas locker genommen mit dem Mord an ihrem

Mann? Wir sollten sie noch etwas unter die Lupe nehmen»,
begann Lüthi.

«Ich halte den Geschäftspartner für einen aggressions-
gehemmten Typen. Bei denen ist alles möglich, wenn die
mal ausrasten.» Das war die Stimme von Müller von der
Spurensicherung.

Kesselring war unschlüssig. «Ich weiss nicht», meinte er.
«Ich habe den Eindruck, dass es um etwas anderes geht. Nur
so eine Ahnung.»

«Eine super Spur, Peter, sehr konkret, gratuliere», sagte
Lüthi. «Viel Vergnügen bei den Nachforschungen.»

Das wusste Kesselring selbst. Sie mussten den fassbaren
Spuren oder Hinweisen nachgehen. Aber nicht mehr heute.
Er freute sich auf einen freien Abend.

Auf den Jazz-Abend in der Mahogany-Hall.

Freitag, 10. September 2004, etwa 21 Uhr
Tippschigen. Stappelisacker 73. Eine Vierzimmerwohnung

*Im Radio hiess es, dass die Polizei um Hinweise der Bevöl-
kerung zum Mord bitte. Sie musste lächeln, als sie es hörte.
Niemals kommt ihr mir auf die Spur. Niemand hat mich gesehen.*

*Die Spuren hatte sie verwischt, die Pistole in der Woh-
nung versteckt. Wer sollte auf die Idee kommen, dass sie etwas damit zu tun hatte. Niemand konnte sie entlarven.*

*Sie war sogar so weit gegangen, mit anderen Schau-
lustigen zum Tatort zu gehen. Am frühen Morgen war er abgesperrt gewesen. Zwei Polizisten standen Wache. Ein
Fotograf machte Aufnahmen vom Tatort und von der Umgebung. Es war gut, dort zu stehen. Sie selbst hatte dies ver-
ursacht, sie selbst hatte, mit einer einzigen Krümmung des
Zeigefingers, dafür gesorgt, dass jetzt die kleine verlogene*

Welt von Tippschigen aus den Fugen geraten war. Dass nichts mehr stimmte. Dass Unruhe da war.

Sie redete mit einigen Leuten über den Mord, zeigte sich erschüttert, fragte sich mit ihnen, wer so etwas tun könne. Es war das erste Mal in ihrem Leben, dass sie ganz bewusst log. Und sie merkte, dass es ihr nichts ausmachte.

Überhaupt staunte sie seit gestern Nacht über sich selbst. Dass es ihr so leicht gefallen war. Dass sie immer noch keine Schuldgefühle hatte. Ja dass sie nicht einmal glaubte, Schuldgefühle haben zu müssen. Im Gegenteil.

Donnerstag, 16. April 2001
Neue Berner Zeitung

Geldsegen für Kirchgemeinde Tippschigen

Die Kirchgemeinde Tippschigen hat ihr Pfrundland für 18 Millionen Franken verkauft. Der Kirchgemeindepräsident spricht von einem Glücksfall und verspricht, das Geld sinnvoll einzusetzen.

(bwb) Es war ein langer Prozess, bis es so weit war. «Erste Ideen standen bereits vor etwa acht Jahren im Raum», sagt Hans Trümpler, Kirchgemeindepräsident von Tippschigen. «Doch die konkreten Verhandlungen begannen etwa vor einem Jahr. Und was jetzt realisiert werden konnte, stellt einen Glücksfall dar.»

Die Kirchgemeinde Tippschigen besitzt seit dem 19. Jahrhundert so genanntes «Pfrundland». In jener Zeit war das Grundstück Bestandteil des Lohns der Pfarrer. «Die landwirtschaftlichen Erträge gehörten den Pfarrherren», erklärt der heutige Pfarrer, Christoph Hugentobler. «Die Pfarrlöhne waren damals tief und wurden durch diese Naturalien aufgebessert.» Das ist heute anders: Seit mehreren Jahrzehnten ist das Pfrundland durch die Kirchgemeinde an Landwirte verpachtet worden. Vor gut einem Jahr beschloss der Kirchgemeinderat, das Grundstück zu verkaufen.

Der jetzige Käufer wurde aus mehreren Interessenten ausgewählt. Eine kleine Arbeitsgruppe, bestehend aus den zwei Kirchgemeinderäten Jürg Neuenschwander und Ernst Bärtschi, war zuständig für die Vorverhandlungen. «Die beste Offerte wurde ausgewählt und dem Kirchgemeinderat vorgelegt. Dieser Vorschlag wurde einstimmig akzeptiert und an der gestrigen Kirchgemeindeversammlung gutgeheissen. Darüber freuen wir uns sehr, denn die 18 Millionen können wir in der Kirchgemeinde gut gebrauchen», äussert sich Trümpler zufrieden.

Präsident Trümpler hat bereits an der Versammlung ein Konzept vorgelegt, wie das Geld eingesetzt werden soll: Etwa zwei Millionen werden für die Schuldentilgung verwendet, weitere viereinhalb Millionen in die längst fälligen Renovationen der Kirche und des Pfarrhauses investiert. Zudem ist vorgesehen, den Stellenetat aufzustocken, vor allem im Sekretariatsbereich, und namhafte Vergabungen an gemeinnützige Werke zu sprechen. Der Rest wird Gewinn bringend angelegt – wie, ist zum jetzigen Zeitpunkt noch offen.

In derselben Kirchgemeindeversammlung gab Hans Trümpler gestern seinen Rücktritt als Kirchgemeindepräsident auf Ende Jahr bekannt. «Acht Jahre sind genug», sagte er in seiner Abschiedsrede. Sein Nachfolger wird der Anwalt Jürg Neuenschwander.

Fünftes Kapitel,

in dem eine Frau etwas gesehen hat
und eine andere Entdeckungen macht

Samstag, 11. September 2004, kurz vor neun Uhr morgens
Tippschigen. Dorfstrasse 2. Eine Vierzimmerwohnung

Rosa Schaufelberger stand am Fenster.

Das tat sie öfters, seit Fritz gestorben war. Was hätte sie
auch sonst tun sollen – sie musste sich ja jetzt nicht mehr um
ihn kümmern, wie sie es jeden Tag getan hatte, die letzten
fünfzehn Jahre vor seinem Tod. Sie war allein in der eigentlich viel zu grossen Wohnung im zweiten Stock des kleinen
Wohnblocks aus den Sechzigerjahren. Der vierstöckige graue
Betonblock mit den kleinen Balkons hätte eine Renovation
nötig gehabt, doch die Überlegungen des Investment-Konsor-
tiums, dem das Gebäude gehörte, gingen anscheinend in eine
andere Richtung. Dafür waren die Mieten günstig, die Frage
war möglicherweise lediglich, wie lange es noch dauerte, bis
der Block abgerissen würde, um teuren Eigentumswohnun-
gen Platz zu machen. So, wie es schon mehreren Mietwohn-
blöcken in Tippschigen ergangen war. Und die Mieterinnen
und Mieter erhielten dann natürlich die Kündigung.

Rosa Schaufelberger schaute hinaus. Von hier hatte man
einen guten Überblick. Sie überschaute den Dorfplatz, ohne
sich der Gefahr auszusetzen, selbst beobachtet zu werden,
denn sie stand immer hinter ihren Gardinen. Sie war peinlich darauf bedacht, dass man sie nicht sehen konnte, denn
sie wollte nicht, dass man dachte, sie sei eine neugierige
Frau. Sie kannte selbst solche Frauen, und sie wusste, was
man über diese dachte. Die Verena Zwicki etwa war so eine,
die immer alles sehen und wissen wollte, die redete auch

schlecht über andere. Verena hatte den Ruf einer Klatsch-base. Das wollte Rosa Schaufelberger auf keinen Fall, ein solches Gerede über sich.

Sie sah den jungen Pfarrer über den Platz gehen.

Rasch schaute sie auf die Uhr. Neun Uhr, dachte sie, wo-hin geht der um diese Zeit? Für einen seelsorgerlichen Be-such ist es doch noch etwas früh. Ausserdem war Samstag, und gestern war dieser schreckliche Mord passiert. Der Neuenschwander, einfach erschossen. Ob der Pfarrer einen Trauerbesuch bei der Witwe machte? Sie hatte von keinem anderen Todesfall gehört, und normalerweise wusste sie so etwas sehr schnell.

Da geht er hin, mit seiner Mappe. Dieser neue Pfarrer hatte immer eine Mappe dabei. Und er war angezogen wie ein Lehrer oder ein Sozialarbeiter, mit Jeans meistens und Lederjacke. Das hatte es früher nicht gegeben, da waren die Pfarrer noch recht gekleidet gewesen, mit Anzug, Krawatte und schwarzen Schuhen. Wehmütig erinnerte sie sich an Pfarrer Schüpbach, der vor einunddreissig Jahren pensio-niert worden war. Der war immer aufrecht, festen Schrittes – und ohne Mappe! – durch das Dorf gegangen und hatte alle Leute mit kräftigem Händedruck gegrüsst. Seine Stim-me, ein tiefer Bass, hatte von natürlicher Autorität gezeugt.

Rosa Schaufelberger kam ins Grübeln.

Nachdem der neue Pfarrer Fritz beerdigt hatte, vor knapp einem Jahr, hatte er sie noch zweimal besucht. Das waren ganz nette Gespräche gewesen, und entgegen ihren Befürchtungen hatte er sie auch nicht mit Bibelversen oder frommen Gebeten traktiert. Ein freundlicher junger Mann, eigentlich.

Aber dann war er nicht wieder gekommen. Er hatte ihr nach dem zweiten Besuch die Hand geschüttelt und gesagt: «Frau Schaufelberger, wenn Sie etwas von mir wünschen, ei-nen Besuch etwa, dann lassen Sie es mich bitte wissen.» Natürlich begriff sie, dass er nicht alle Leute in der Gemeinde regelmässig besuchen konnte.

Trotzdem. Bei Pfarrer Schüpbach, da war sie sich ganz sicher, bei Pfarrer Schüpbach wäre es anders gewesen. Der hatte noch alle Familien im Dorf besucht, mindestens einmal im Jahr. Der war den Leuten nachgegangen. Der Neue aber hatte sich seither nicht mehr blicken lassen. Ein-, zweimal waren sie sich im Dorf begegnet, da war er auf sie zugekommen, hatte sie freundlich begrüsst (sein Händedruck hatte nicht die zugreifende Festigkeit wie der von Pfarrer Schüpbach) und sie gefragt, wie es ihr gehe. «Gut», hatte sie jeweils gesagt. Aber er hätte merken müssen, dass es ihr nicht gut ging. Schliesslich hatte sie ihren Fritz verloren.

Rosa Schaufelberger hatte erwartet, dass der Pfarrer sie nach diesen zufälligen Begegnungen besuchen würde. Sie hatte bewusst leicht gezögert mit der Antwort, dass es ihr «gut» ging, und einen etwas traurigen Gesichtsausdruck aufgesetzt – alles nur, um ihm zu helfen, ihm, der nicht so feinfühlig zu sein schien. Aber nichts war geschehen.

Sie seufzte. Nichts ist mehr wie früher, dachte sie resigniert, und irgendwie tat es ihr gut, sich dies sagen zu können. Sie hatte darüber schon mehrmals mit ihren Freundinnen gesprochen. Sie waren sich einig gewesen. In diesen Zeiten, in denen sich alles so schnell veränderte, hätte doch die Kirche die Aufgabe, die Tradition zu pflegen, Althergebrachtes zu bewahren. Leute zu besuchen, vor allem die Witwen, die es so schwer hatten. Hätte. Aber eben.

Sie seufzte nochmals. Sie war unzufrieden mit diesem neuen Pfarrer, und das hatte sie ihren Freundinnen auch gesagt. Es hatte sie gekränkt, dass er nicht mehr gekommen war. Stattdessen machte er (das las sie im Kirchenblättchen, sie ging nie in den Gottesdienst oder an andere kirchliche Anlässe) alles Mögliche für die Jungen. Als sie selbst jung gewesen war, hatte es das nicht gegeben. Da hatte der Pfarrer die Unterweisung erteilt, und sie waren zufrieden gewesen damit.

Rosa Schaufelberger hatte den Pfarrer aus den Augen verloren. Er war aus ihrem Blickfeld verschwunden, während sie über ihn nachgedacht hatte. Sie wischte sich die Tränen aus den Augen – sie musste oft ein wenig weinen, wenn sie an Fritz dachte und an die Zeit nach seinem Tod. Und wie sie damit so allein gelassen wurde. Auch und gerade vom Pfarrer.

Es klingelte. Rosa Schaufelberger nahm ihr Taschentuch, trocknete nochmals die Augen, schnäuzte kräftig, legte das Taschentuch wieder zusammen und steckte es in ihre Schürze. Dann atmete sie tief durch und öffnete die Tür. Überrascht und für einen Augenblick sprachlos, stand sie dem Besucher gegenüber.

Draussen stand der junge Pfarrer. Mit allem hatte Rosa Schaufelberger gerechnet, nur nicht damit, dass ausgerechnet er sie besuchen würde. Vielleicht war er doch nicht so übel, wie sie gemeint hatte. Sie freute sich schon, ihren Freundinnen vom Besuch des Pfarrers zu erzählen, und bat ihn fast fröhlich, hereinzukommen.

Andreas Zehnder trank einen Schluck Tee, den Frau Schaufelberger ihm gebraut hatte, und biss in eines der Biskuits. Er war am Anfang ein wenig irritiert gewesen, als er Frau Schaufelbergers Gesicht gesehen hatte. Sie hatte offensichtlich kurz zuvor geweint und wirkte überrascht, als er vor der Tür stand. Einen Augenblick lang hatte er überlegt zu fragen, ob er ungelegen komme, doch dann hatte sie ihn aufgefordert einzutreten. Er war froh, dass er diesen Besuch jetzt machen konnte. Er stand schon lange auf seiner Pendenzenliste.

Seelsorgerliche Routine. Die Witwe erzählte ihm, mit feuchten Augen, dass sie über den Tod ihres verstorbenen

Ehemannes immer noch nicht hinweggekommen sei. Dass sie jeden Tag auf sein Grab gehe und mit «ihrem Fritz», wie sie sagte, spreche, dass sie sicher sei, dass er sie höre und dass sie manchmal sogar den Eindruck habe, er antworte ihr. Zehnder war immer sehr zurückhaltend in solchen Fällen. Mit seinen knapp dreissig Jahren hatte er selbst noch keine derart schwer zu verkraftenden Todesfälle in der eigenen Familie gehabt und war deshalb mit Ratschlägen vorsichtig.

Schliesslich kam das Gespräch, es war wohl unvermeidlich, auf den Mord an Neuenschwander.

«Ganz furchtbar, erschossen, wer tut so etwas, hier in unserem Dorf, mitten in der Nacht?», ereiferte sich Rosa Schaufelberger.

«Ja, das frage ich mich auch. Alle in der Kirchgemeinde fragen sich das», antwortete Zehnder.

«Was weiss man eigentlich?» Witwe Schaufelberger hoffte, etwas zu erfahren, was sie am Nachmittag erzählen konnte, wenn sie sich zum Kaffee mit ihren Freundinnen traf. Die würden staunen, wenn sie mit wichtigen Geschichten aufwarten konnte. Ihr eigenes kleines Geheimnis wollte sie noch wahren.

«Nicht viel, Frau Schaufelberger. Haben Sie Jürg Neuenschwander gekannt?» Zehnder versuchte auszuweichen. Er wollte sich nicht zu diesem Fall äussern.

«Ja, natürlich, Jürg ist ja hier im Dorf aufgewachsen. Das können Sie nicht wissen, Sie sind ja erst seit kurzem hier. Ich habe ihn schon als Jungen gut gemocht, obwohl er immer Streiche im Kopf hatte. Weiss man, wann genau er ermordet wurde?»

«In der Nacht vom Donnerstag auf Freitag, etwa um Mitternacht. Erschossen. Ein Schuss genau zwischen die Augen. So wurden wir jedenfalls informiert.»

«Ja, das haben sie ja auch im Radio gesagt. Schlimm.» Rosa Schaufelberger schaute den jungen Pfarrer an, taxierend. Ihm konnte sie es erzählen, ihr kleines Geheimnis, er war ja ans Schweigegebot gebunden.

«Wissen Sie was? Ich habe etwas gesehen. Ich habe nämlich kurz nach Mitternacht aus dem Fenster geschaut.»

Zehnder erstarrte. Konnte es sein, dass diese Frau eine wichtige Beobachtung gemacht und sie bis jetzt für sich behalten hatte? Der Mord war im Pfarrgarten geschehen, nur etwa gute hundert Meter vom Dorfplatz entfernt, den Frau Schaufelberger von ihrem Fenster im Wohnzimmer überblicken konnte.

«Was haben Sie denn gesehen?», fragte er so unverfänglich wie möglich.

«Ich weiss nicht, ob ich es sagen soll. Es könnte jemandem schaden. Ausserdem hat es ja vielleicht gar nichts mit dem Mord zu tun, und dann mache ich mich noch schuldig, wenn ich jemanden ins Unglück bringe», antwortete die Witwe. Ihr Blick verriet, dass sie darauf brannte, das Geheimnis loszuwerden.

«Ich denke, Sie dürfen es der Polizei überlassen zu entscheiden, ob das, was Sie gesehen haben, wichtig ist. Dafür tragen Sie keine Verantwortung.» Zehnder wog seine Worte genau ab.

«Herr Pfarrer, Ihnen vertraue ich, Ihnen würde ich es sagen!»

Zehnder wusste einen Moment lang nicht, was er tun sollte. Er war sich nicht sicher, ob er es wirklich hören wollte. Eigentlich müsste Frau Schaufelberger ihre Beobachtung melden, das war klar. Er befürchtete, dass sie ihm ihr Geheimnis anvertrauen und sich dann doch nicht getrauen würde, damit zur Polizei zu gehen. Dann sässe er im Dilemma, wüsste etwas, wäre ans Schweigegebot gebunden und dürfte eigentlich niemandem etwas sagen. Vor allem dann nicht, wenn die Witwe es so wollte. Eine Situation, die sich kein Pfarrer wünscht.

«Herr Pfarrer, ich habe den Müller Felix kurz nach Mitternacht hier über den Platz gehen sehen.» Jetzt war es heraus. Felix Müller, ausgerechnet, dachte Zehnder. Eines der schwarzen Schafe im Dorf. Mitte zwanzig, hatte nie richtig Tritt gefasst im Leben. Berufslehre abgebrochen, man munkelte von Drogen. Zehnder kannte ihn flüchtig, Felix war einmal bei einer Taufe Pate gewesen. Er lebte in Bern, kam aber ab und zu nach Tippschigen, um Freunde zu besuchen. Hinter vorgehaltener Hand wurde erzählt, er sei in Kleinkriminalität verwickelt, sogar schon einmal wegen eines Einbruchs in der Kiste gewesen.

Zehnder beschloss nachzufragen und das Ganze zu klären. Vielleicht war es ja nur eine völlig bedeutungslose Beobachtung einer überspannten alten Frau. Er hoffte es.

«Das ist ja nicht unbedingt auffällig, Herr Müller kommt doch ab und zu nach Tippschigen, nicht wahr?»

«Ja, aber Sie hätten sehen sollen, wie er über den Dorfplatz geschlichen ist!» Rosa Schaufelbergers Stimme hatte jetzt einen verschwörerischen Unterton.

«Er kam vom Pfarrhaus her, schnell, blickte sich dann hastig um, so als ob er etwas verbrochen hätte, und rannte die Strasse hinunter. Ich bin sicher, er hat etwas mit dem Mord zu tun!»

«Denken Sie, er hat Jürg Neuenschwander umgebracht?», fragte Zehnder direkt.

«Vielleicht hat er auch Schmiere gestanden, hat im letzten Augenblick Angst bekommen. Oder der Mörder wollte ihn nachher auch umbringen, und er konnte noch fliehen. Aber vielleicht war er es wirklich selbst. Dem ist doch einiges zuzutrauen!» Die Witwe blickte den Pfarrer eindringlich an.

Zehnder war sich jetzt sicher, dass Frau Schaufelberger die Sache schon lange hin und her gewälzt hatte. Auch, dass sie definitiv zu oft «Aktenzeichen XY ungelöst» geschaut hatte.

Trotzdem. Die Beobachtung war wichtig. Die Polizei musste es unbedingt erfahren. Zehnder nahm seine Agenda zur Hand, in die er die Nummer der Kriminalpolizei notiert hatte. Er schrieb die Nummer auf einen Zettel und gab ihn der Witwe.

«Hier ist die Nummer der Kriminalpolizei. Am besten verlangen Sie Kommissar Kesselring, der leitet die Nachforschungen.»

Rosa Schaufelberger sah ihn misstrauisch und verärgert an. «Muss ich das wirklich tun?»

«Frau Schaufelberger, ich denke, Ihre Beobachtung ist sehr wichtig.»

Samstag, 11. September 2004, um die Mittagszeit
Tippschigen. Fouralèsstrasse 5. Im Haus Neuenschwanders

Erika Neuenschwander hatte alle Hände voll zu tun. Die ganzen Versicherungsgeschichten. Die Beerdigung. Es musste schnell gehen, da ihr Mann testamentarisch eine Erdbestattung verfügt hatte. Eine solche hatte innerhalb von sieben Tagen zu erfolgen, erfuhr sie von Pfarrer Hugentobler. Der hatte sie auch darüber informiert, dass die Bestattung ihres Mannes selbstverständlich beide Pfarrer «mitgestalten» würden, wie er sich ausdrückte. Da sie den Eindruck hatte, dies müsse eine besondere Ehre sein, wenn es auf diese Weise betont wurde, bedankte sie sich herzlich bei Hugentobler. Mimte etwas Ergriffenheit. Hugentobler schien dies zu erwarten und murmelte, das sei doch selbstverständlich, nach allem, was Jürg für die Kirchgemeinde getan habe.

Das Wichtigste war schon gestern in die Wege geleitet worden. Erika Neuenschwander wollte alles möglichst schnell hinter sich bringen und nahm sich deshalb jetzt auch den Schreibtisch ihres Mannes vor. Die juristischen Dokumente wollte sie Rolf Häberli übergeben, unnötigen Papierkram gleich fortwerfen. Und vielleicht würde sie Unterlagen finden, die für sie oder jemand anderen wichtig waren. Sie ging gerade einen Stapel mit Papieren aus einer der Schubladen durch, als sie auf einen grossen Briefumschlag stiess, der nicht angeschrieben, aber verschlossen war. Sie öffnete ihn.

Er war voller Fotos und Briefe. Sie verstand nicht sofort. Was machten diese Fotos von Frauen, die sie teilweise kannte, hier? Sie begann zu lesen. Liebesbriefe. Erst da wurde es ihr klar. Ihr Mann hatte tatsächlich von allen Eroberungen eine Fotografie und eine Liebesbezeugung aufgehoben. Eine Art Trophäe wohl, das hätte zu ihm gepasst. Sie musste sich setzen. Sie hatte es gewusst, doch jetzt auf so handfeste Beweise zu stossen, setzte ihr zu. Aber wo sie den Umschlag jetzt schon einmal entdeckt hatte, konnte sie nicht anders. Sie las alle Briefe, schaute sich die Fotos an. Es waren viele. Ihr wurde übel.

Einige dieser Frauen kannte sie persönlich. Aus dem Dorf. Anhand der Daten konnte sie herausfinden, wann ihr Mann es mit welcher Frau getrieben hatte. Manche der Briefe lagen zeitlich sehr nahe, sie begriff, dass er manchmal mehrere Frauen nebeneinander gehabt hatte. Idiotische Weiber, dachte sie, wie konntet ihr ihm nur auf den Leim gehen? Dabei mich betrügen und tags darauf freundlich mit mir beim Einkaufen plaudern? Jürg war ein weitaus grösseres Schwein gewesen, als sie es je für möglich gehalten hatte.

Verbittert blieb sie einen Augenblick sitzen. Ihm habe ich einen guten Teil meines Lebens geopfert, damit er sich nach aussen hin als verantwortlicher Familienvater zeigen konnte. Verpfuschtes Leben, ich habe bis jetzt nicht selbst gelebt, dachte sie. Das musste sich sofort ändern. Jetzt, da er nicht mehr lebte. Sie war dankbar für diese klare Einsicht.

Sie stand auf und öffnete die unterste Schublade. Hier bewahrte er immer seine Armeepistole auf, zusammen mit den Patronen. Die Schublade war nie verschlossen. Sie starrte hinein. Die Pistole war verschwunden.

Samstag, 11. September 2004, 15.20 Uhr
Bern. Waisenhausplatz 32. Polizeipräsidium
Kommissar Kesselrings Büro

Kesselring sass am Schreibtisch, als der Anruf kam.

«Ich habe eine wichtige Mitteilung zu machen. Sind Sie der Kommissar Kesselring?», fragte eine Frauenstimme.

«Ja, der bin ich. Eine Mitteilung zum Fall Neuenschwander?»

«Wissen Sie, ich von mir aus hätte Sie ja nie angerufen, aber der Herr Pfarrer war heute Morgen bei mir, und da habe ich es ihm gesagt, und da hat er mich gebeten, es auch Ihnen zu sagen.»

«Pfarrer Hugentobler?»

«Nein, der junge, wissen Sie, Pfarrer Zehnder.»

Kesselring wurde sich bewusst, dass er die Kirchgemeinde Tippschigen noch nicht gut kannte. Auf dem Organigramm hatte er zwar gelesen, dass es einen Pfarrer Zehnder gab, aber kennen gelernt hatte er ihn nicht.

«Ah, ja.»

«Eben, wissen Sie, ich habe in der Nacht von Donnerstag auf Freitag, also etwa um Mitternacht, einen jungen Mann über den Dorfplatz rennen sehen. Der Dorfplatz ist nur ein paar Meter von der Stelle entfernt, an der Jürg Neuenschwander ermordet wurde, müssen Sie wissen. Ich stand in meiner Wohnung am Fenster, ganz zufällig, wissen Sie, ich konnte nicht einschlafen, und habe ihn gesehen, ganz zufällig.»

«Wen, den Neuenschwander?», fragte Kesselring.

«Nein, den Müller Felix. Und Sie müssen wissen, er hat sich sehr verdächtig verhalten. Hat sich umgeschaut, so, als ob er etwas zu verbergen hätte, und ist dann ganz schnell weggerannt. Denken Sie nicht auch, dass dies ein wichtiger Hinweis für Sie ist?»

Kesselring seufzte. «Ja, natürlich ist das wichtig. Vielen Dank!»

«Wenn Sie mehr über den Müller Felix wissen wollen, sollten Sie mit seiner Mutter sprechen. Wissen Sie, das ist eine Geschiedene, die hat den Felix allein aufgezogen. Irma Müller heisst sie.»

Die Frau holte hörbar Luft und wollte in ihrem Redeschwall fortfahren, doch Kesselring unterbrach sie freundlich, aber bestimmt: «Danke für die Mitteilung, bei Bedarf werden wir uns bei Ihnen melden. Ich verbinde Sie jetzt mit unserem Sekretariat, bitte geben Sie dort Adresse und Telefonnummer an. Auf Wiedersehen.»

Es schüttelte ihn. Giftspritze, dachte er. Und: Hinter mich, Satan. Das war einer der ironischen Lieblingssprüche seines Konfirmationspfarrers gewesen. In welchem Zusammenhang er ihn jeweils benutzte, wusste Kesselring nicht mehr. Aber hier schien er zu passen. Kesselring hatte sich zuvor noch nie Gedanken darüber gemacht, ob der Teufel auch in weiblicher Erscheinungsform existieren könne.

Felix Müller war unauffindbar.

Seine Mutter, Irma Müller, gab der Polizei die Adresse. Felix Müller wohnte in Bern, in einer Wohngemeinschaft mit zwei weiteren jungen Männern. Diese hatten auch keine Ahnung, wo er sich aufhielt. Sie hätten ihn seit Donnerstag nicht mehr gesehen. Auch die Freunde, die er, wie sich herausstellte, tatsächlich am Donnerstagabend in Tippschigen besucht hatte, wussten nichts. Sie bestätigten nur, dass Müller sie etwa um Mitternacht verlassen hatte. Kesselring liess ihn zur landesweiten Suche ausschreiben. Mehr konnte man im Augenblick nicht tun.

Dienstag, 7. September 2004, 20.35 Uhr
Tippschigen. Kirchgasse 9. Im Haus des Rentners Ernst Bärtschi

«Nein, ich kann das nicht mehr. Ich bin zu alt dafür, ich möchte nicht den Rest meines Lebens mit dieser Schuld leben. Ich will mit gutem Gewissen sterben können.» Ernst Bärtschi sprach sehr bestimmt.

Jetzt herrschte Stille. Beide sassen vor ihrem halbvollen Bierglas und schwiegen. Die Spannung im Raum war fast mit Händen zu greifen.

«Weisst du, was das bedeutet?», sagte der andere schliesslich.

Bärtschi nickte.

«Ein Gerichtsverfahren. Und wahrscheinlich ein Urteil wegen Bestechlichkeit. Aber das ist mir gleichgültig, ich will reinen Tisch machen. Ich werde mich selbst anzeigen.»

«Damit wirst du mich in die Sache hineinziehen. Dann bin ich erledigt. Auch beruflich. Denk nicht nur an dich», sagte der andere eindringlich.

Bärtschi schaute ihn an, mit festem Blick.

«Es gibt Augenblicke im Leben, in denen man nicht auf andere Rücksicht nehmen kann. In denen die Wahrheit zählt und sonst nichts. Tut mir Leid, ich werde mein Möglichstes tun, um dich herauszuhalten.»

Der andere lehnte sich zurück. Er war überrascht, das hätte er nicht erwartet. Nach all den Jahren.

Gleichzeitig wusste er, dass er sich von diesem sentimentalen Greis nicht sein Leben ruinieren lassen würde. Er fasste den Entschluss im selben Augenblick.

«Stimmt», sagte er und hob sein Glas. «Solche Momente der Wahrheit gibt es. Prost, Ernst.»

Sechstes Kapitel,

in dem Kommissar Kesselring einen Gottesdienst besucht
und Pfarrer Hugentobler sich keine Sorgen machen soll

Sonntag, 12. September 2004, 9.50 Uhr
Tippschigen. In der Kirche

Kesselring blickte um sich.

Ein älterer Mann schien tief in Gedanken versunken, ein anderer war offensichtlich eingenickt. Zwei Frauen blickten konzentriert nach vorne. Sie wirkten artig, höflich, aufmerksam. Eine Frau um die vierzig studierte die Kirchenfenster. Etwa dreissig Leute, die meisten zwischen sechzig und achtzig. Kesselring fragte sich, wo die Konfirmanden waren. Er selbst hatte damals pro Jahr fünfzehn Gottesdienste durchstehen müssen, da war immer eine Handvoll Jugendlicher im Gottesdienst gesessen, auf einem Haufen meist. Hatte man das gelockert? War der Zwang zum Gottesdienstbesuch aufgehoben worden? Kein Wunder, wenn die Jugendlichen dann auch später nicht mehr kamen.

Er versuchte, eine andere Sitzposition einzunehmen. Die Kirchenbank drückte. Der Rücken, aber auch die Beine taten ihm weh. Am liebsten wäre er hinausgegangen oder zumindest kurz aufgestanden. Aber dafür war er zu gut erzogen. Er blieb sitzen. Wie alle anderen auch.

Kesselring hatte die Empfindung, in einer anderen Welt zu sein. Das hatte bereits mit dem Orgelspiel begonnen, zu Beginn des Gottesdienstes. Kunstvoll intonierte die Organistin ein mehrsätziges Werk, mit immer neuen Variationen der Melodielinie. Mehrmals meinte er, sie sei fertig, doch dann setzte sie neu an und drehte nochmals eine Runde. Und nochmals eine. Und nochmals eine. Bereits da hatte Kesselring verstohlen auf die Uhr geschaut. Sie hatte über acht Minuten gespielt, als Pfarrer Hugentobler im Talar endlich vor die Gemeinde treten konnte. Hoffentlich geht das nicht im gleichen Takt weiter, dachte Kesselring.

«Im Namen Gottes, des Vaters und des Sohnes und des Heiligen Geistes. Amen. Liebe Gemeinde, es ist ein köstlich Ding, dem Herrn zu danken und lobsingen deinem Namen, du Höchster, des Morgens deine Gnade und des Nachts deine Wahrheit zu verkündigen.»

Kesselring hatte einen Augenblick Mühe, dem Satzbau dieser Botschaft zu folgen, doch schrieb er dies seiner Unkenntnis zu. Er war diese Sprache nicht gewohnt. Wann war er wohl zum letzten Mal in die Kirche gegangen? Kesselring musste kurz nachdenken. Sieben Jahre war es jetzt her. Bei der Beerdigung seiner Frau Sonja. Und dann nie wieder, bis heute. Er hätte es nicht ertragen.

«Liebe Gemeinde, in schwerer Stunde haben wir uns hier versammelt. Wir wollen Trost und Auferbauung finden im Hören des Worts, im Loben und Danken, im Feiern und im Klagen. Dabei dürfen wir wissen, dass unser guter Gott uns hört und versteht.»

Kesselring horchte auf. Unser guter Gott. Hugentobler würde ihm erklären müssen, warum denn «unser guter Gott» ihm, Kesselring, die Sonja entrissen hatte. Beim anschliessenden Gesang war er immer noch wie betäubt. «Unser guter Gott», echote es unaufhörlich in ihm weiter. «Es hat dem allmächtigen Gott gefallen», hatte der Pfarrer bei der Beerdigung gesagt, damals. Dem guten Gott. Der uns Trost und Auferbauung gibt. Kesselring fröstelte. Er schüttelte die Wut ab, die in ihm hochstieg.

Mittlerweile hörte er schon fast zwanzig Minuten der Predigt Hugentoblers zu. Dieser war würdevoll auf die Kanzel gestiegen. Die Stufen der Treppe hatten dabei geknarrt.

Als er sich dort oben aufrichtete, blickte die Gemeinde erwartungsvoll zu ihm hoch.

Der Pfarrer sprach zum Thema «Ungewissheit des Lebens und Gewissheit des Glaubens». Dazu hatte er einen Psalm gelesen, doch Kesselring hatte nicht folgen können. Nach einigen Minuten schweiften seine Gedanken ab, wandten sich dem Mordfall Neuenschwander zu. Doch er konnte die Bilder nicht festhalten, eines nach dem anderen tauchten sie auf, verschwanden wieder, in einem gleichförmigen, bedächtigen Rhythmus. Wie die Predigt Hugentoblers. Sie kamen und verloren sich, Bilder vom Tatort, die Witwe Neuenschwander, Häberlis Büro, das Telefon mit der Giftspritze. Mit der Teufelin. Kesselring wurde zunehmend schläfrig, riss sich aber zusammen.

«Über den Abgründen des Lebens, über allem, was unser Verstehen übersteigt, steht die Gnade und Güte Gottes. Sie verlässt uns nie, diese Zuversicht, ja ich möchte sagen: diese Gewissheit. Daran dürfen wir uns festhalten, wenn die Lebensstürme, und seien sie noch so stark, über uns hereinbrechen. Links und rechts des schmalen Grates, den wir beschreiten, ist die starke Hand des allmächtigen Gottes ausgestreckt und wartet darauf, uns aufzufangen, wenn wir hinunterzufallen drohen.» Wortgeklapper, schoss es Kesselring durch den Kopf. Warum wartet dieses Ungeheuer von Gott, das Hugentobler hier beschreibt, darauf, dass wir auf dem Grat unserer Existenz stolpern und fallen, um uns dann – ach wie gnädig! – aufzufangen? Warum taucht er nicht vorher auf, bevor wir fast krepieren? Ein Sadist, so einer. Schlägt Profit aus unserem Leid. Sich als Retter aufspielen, kurz bevor du dir die Kugel gibst. Dieses Gerede von Gnade und Güte, diese zusammenhangslose Anhäufung von Bildern, ärgerte ihn. Die Wortwahl. Geschmacklos. Harmlos. Redequalm. Gebimmel.

Kesselring richtete sich angestrengt auf. Unmerklich war er ein bisschen nach unten gerutscht, hatte eine bequemere Haltung gesucht, ohne es zu merken. Jetzt wunderte er sich darüber, dass Hugentobler den Mord an Neuenschwander mit keinem Wort erwähnt hatte. Halt, doch, er redete ja andauernd davon, allerdings ohne ihn wirklich zu erwähnen. Kesselring fragte sich, ob Hugentobler tatsächlich den ganzen Gottesdienst hinter sich bringen würde, ohne das Geschehene auszusprechen.

Beim Unservater bemerkte Kesselring beschämt, dass er kaum im Stande war, dieses kurze Gebet mitzusprechen. So viel durfte man auch von einem wie ihm erwarten, der mit Kirche nicht viel anfangen konnte. Er murmelte etwas vor sich hin, weil es ihm peinlich war. Und dann, unter den Mitteilungen, trat Hugentobler gemessenen Schrittes vor. «Wir alle wissen vom tragischen und unerwarteten Tod von Jürg Neuenschwander, unserem Kirchgemeindepräsidenten. Er wurde in der Nacht vom Donnerstag auf den Freitag von uns gerissen. Es ist schwer und unverständlich, für uns unbegreiflich. Wir wollen in diesen schweren Stunden ganz besonders an seine Frau Erika und die ganze Familie denken. Liebe Gemeinde, wir dürfen wissen: Gott der Allmächtige ist auch bei ihnen!»

Fertig. Da kam nichts mehr. Kesselring wünschte sich, dass Hugentobler jetzt ein Gebet sprechen würde oder was immer hier angemessen war, so wie vorgestern bei Frau Neuenschwander. Doch diesmal wartete er vergebens. Hugentobler rezitierte nur noch den Schlusssegen.

«Der Herr segne dich und behüte dich. Der Herr lasse sein Angesicht leuchten über dir und sei dir gnädig. Der Herr hebe sein Angesicht über dich und gebe dir Frieden. Amen.» Herr, Herr, Herr, echote es in Kesselring. Herrgottnochmal, der Ausdruck schlingerte durch sein Hirn, und auch der Spruch, den er selbst manchmal brauchte: «Der

Herr ist im Himmel, ich bin der Peter.» Völlig deplatziert, dass ihm das gerade jetzt in den Sinn kam, so ein Blödsinn.

Die Orgelmusik zum Schluss. Kesselring klaubte ein paar Münzen aus seiner Brieftasche, für die Kollekte, und wartete. Wieder blickte er auf die Uhr. Etwa fünfzig Minuten hatte der Gottesdienst gedauert, doch ihm schien es, als sässe er schon seit Stunden hier. Die Organistin spielte und spielte. Noch eine Schleife und noch eine. Und noch eine. Kesselring sehnte sich nach einem guten Kaffee und legte im Geist die CD von Duke Ellington auf, die er vor kurzem gekauft hatte. Durchhalten, Kesselring. Es ist gleich vorbei.

Sonntag, 12. September 2004, 10.45 Uhr
Tippschigen. Im Pfarrhaus von Pfarrer Hugentobler. Wohnzimmer

Das Gespräch mit Hugentobler begann viel versprechend. Der Pfarrer erzählte, wie er vor vielen Jahren in die Kirchgemeinde gekommen war. Wie vieles sich verändert hatte. Neuenschwander, der seit etwa fünf Jahren im Kirchgemeinderat und davon knapp drei Jahre Präsident war, beschrieb er als «geradlinigen Mann, der wusste, was er wollte, und auch Wege fand, seine Ziele zu erreichen». Er selbst, Hugentobler, schätze das. Doch Neuenschwander habe sich, wie alle selbstbewussten Menschen, nicht nur Freunde gemacht. Hier war es für Kesselring Zeit, konkrete Fragen zu stellen.

«Wie standen Sie zum Ermordeten?», fragte er endlich.

«Jürg Neuenschwander war ein Mensch, der viel für unsere Gemeinde getan hat, seit er Präsident war. Er hat sich immer eingesetzt für seine Aufgaben.»

Kesselring versuchte nachzuhaken. «Und wie standen Sie persönlich zu ihm? Mochten Sie ihn?»

«Wir haben uns gut verstanden, und wenn es Konflikte gab, haben wir stets das Gespräch gesucht und immer einen

Weg gefunden. Für mich ist es immer noch unfassbar, dass er nicht mehr lebt.»

«Waren Sie mit ihm über Ihre Arbeit in der Kirchgemeinde hinaus befreundet?»

Hugentobler zögerte einen Augenblick, suchte nach Worten.

«Wissen Sie, in einer Kirchgemeinde arbeitet man anders als in der Privatwirtschaft. Hier ist Freundschaft ein fester Bestandteil der Arbeit. Das ist ja gerade das Besondere an der Kirche, dass die Beziehungen so wichtig sind.»

«Hatte Neuenschwander Feinde? Können Sie sich jemanden aus der Kirchgemeinde vorstellen, der ihn umgebracht haben könnte?»

Hugentobler sah ihn entsetzt an.

«Um Gottes willen», sagte er. «Nein! Das glaube ich nicht. Es war doch Raubmord, oder nicht?»

«Wir sind nicht ganz sicher. Was glauben Sie?»

«Ich habe mir diese Frage noch gar nicht gestellt, ich habe bis jetzt einfach geglaubt, es sei Raubmord.» Hugentobler starrte Kesselring an. «Das wäre ja furchtbar, ein Mord aus Rache oder Ressentiment.»

«Aber denkbar?»

«Ich weiss es nicht.»

Es entstand eine Pause. Kesselring überlegte, welche Fragen er noch stellen konnte.

Nach einer Weile blickte Hugentobler ihn an. «Als Seelsorger dieser Gemeinde ist es für mich wichtig, dass die Menschen nicht allzu sehr verschreckt werden. Ich bitte Sie, die Nachforschungen mit der nötigen Zurückhaltung und viel Fingerspitzengefühl durchzuführen.»

Nötig für wen, dachte Kesselring. «Sie brauchen sich keine Sorgen zu machen. Wir haben Erfahrung in diesen Dingen.»

Ernst Bärtschi nahm seine Umgebung nur noch verschwommen wahr. Der Alkohol, so viel trank er sonst nie.

Bärtschi hatte keine Wahl. Er hatte ihn selbst hereingelassen, nachdem er geklingelt hatte. Er müsse noch einmal mit ihm reden, hatte er gesagt. Was Bärtschi ihm vor zwei Tagen gesagt habe, beschäftige ihn. Dann hatten sie nochmals die ganze Geschichte aufgerollt. Das Angebot, damals, als das Projekt des Pfrundland-Verkaufs in die Endphase ging. Wie sie akzeptiert hatten, in stillem Einverständnis. Für jeden dreihunderttausend, ein solches Angebot bekam man nicht alle Tage. Auch er konnte das Geld gut gebrauchen, auf seine alten Tage. Niemand bemerkte es.

Dann kamen die Erpressungen. Sie hatten nie herausgefunden, wie der Kerl dahinter gekommen war. Doch er hatte Beweise, hatte sie ihnen sogar gezeigt, dieser Schweinehund. Sie wären erledigt gewesen. Er verlangte monatlich von jedem zehntausend, ein Jahr lang, wie er sagte. Danach würde er sie in Ruhe lassen und für immer schweigen. Doch ob das stimmte? Bärtschi befürchtete, dass es weitergehen würde, immer weiter, mit den Forderungen.

Jetzt sassen sie zusammen und besprachen die Absicht Bärtschis, sich zu stellen. Auszupacken, sich selbst anzuzeigen. Bärtschi blieb fest.

Und schaute plötzlich in die Mündung einer Pistole. Wurde gezwungen, eine riesige Menge Schlaftabletten mit Schnaps zu schlucken. Zuerst wollte er ihn angreifen, den Schuss riskieren, doch er schaffte es nicht. Eine Weile hoffte er noch, dass seine Tochter ihn vielleicht heute zufällig besuchen und ihn so retten würde. Doch nichts geschah.

Und jetzt verliess ihn das Bewusstsein immer mehr. Der andere sass neben ihm auf einem Stuhl, die Pistole auf die

Knie gelegt, und wartete. Das Letzte, was Bärtschi noch wahrnehmen konnte, war der Blick des anderen auf die Uhr. Dann entglitt er langsam sich selbst. Wie in Watte verpackt verlor er sich in einem lautlosen Sturz ins Nichts.

Siebtes Kapitel,

in dem in ein Notariatsbüro eingebrochen wird
und ein Jurist Glaubwürdigkeitsdefizite aufweist

Montag, 13. September 2004, 7.06 Uhr
Bern. Länggassstrasse 52. Zu Hause bei Kommissar Kesselring

Die Woche hatte noch gar nicht richtig begonnen, da klingelte Kesselrings Handy. Rolf Häberli war dran. «Im Notariatsbüro wurde eingebrochen.»

Diesmal war Kesselring als Erster da. Häberli empfing ihn. «Es sieht furchtbar aus, alles durchwühlt. Sogar der Safe meines Partners wurde geöffnet. Ich bin um sieben gekommen und habe Sie sofort angerufen.»

Kesselring machte sich rasch ein Bild. Offensichtlich war nur in das Büro von Neuenschwander eingebrochen worden. Überall lagen Papiere und Ordner herum. Schubladen waren aufgerissen, ihr Inhalt auf dem Boden verstreut worden. Ein Bild der Verwüstung.

«Wie ist der Täter eingedrungen?», fragte Kesselring.

«Er muss Schlüssel gehabt haben. Offensichtlich hat er damit die Tür geöffnet. Alle Türen und Fenster sind intakt.»

«Schliessen Sie die Räume jeweils einzeln ab?»

«Ja», antwortete Häberli. «Da ist zuerst die Haupttür, durch die Sie zur Sekretärin kommen, danach unsere beiden Büros. Alle drei haben unterschiedliche Schlüssel.»

«Der Täter hat offensichtlich Schlüssel für die Haupttür und das Büro von Jürg Neuenschwander gehabt, sehe ich das richtig?»

«Ja, und für den Safe meines Partners. Und er wusste den Code, mit dem er verschlossen wurde.»

«Kennen Sie diesen Code?», fragte Kesselring.

«Ja, auch die Sekretärin», antwortete Häberli.

«Wo ist sie?»

«Sie kommt montags immer um acht Uhr.»

«Können Sie feststellen, ob etwas entwendet wurde?»

«Wie stellen Sie sich das vor? Bei dem Durcheinander!»

«Und wenn Sie sich Zeit nehmen würden?», hakte Kesselring nach.

«Nein. Da weiss die Sekretärin mehr. Ich habe keinen Überblick über die Unterlagen und Wertsachen, die mein Partner hier aufbewahrt hat. Sie wird ihnen Rede und Antwort stehen können, sie kennt sich bei uns beiden aus.»

«Haben Sie etwas verändert oder berührt?»

Häberli verneinte.

«Können Sie Ihre Sekretärin anrufen und ihr sagen, dass sie so schnell wie möglich kommen soll?»

«Ist das wirklich nötig? In einer halben Stunde ist Frau Geissbühler ja so oder so hier.»

«Ja, es ist nötig. Auch wenn es unangenehm ist. Danke», insistierte Kesselring.

Häberli verschwand in sein Büro. Kesselring setzte sich auf einen Stuhl und wartete auf die Sekretärin und die Spurensicherung, die er per Handy alarmiert hatte. Na grossartig, dachte er bei sich. Jemand erschiesst Neuenschwander, raubt ihn aus, die Schlüssel für sein Büro sind dabei, er wartet drei Tage, bricht ein, macht eine Riesensauerei, stiehlt das eine oder andere und haut unentdeckt wieder ab. So wirkte es jedenfalls.

Felix Müller? Der junge Mann, der von dieser Witwe gesehen worden war. Der seither unauffindbar war. Der je länger, desto schlechtere Karten hatte, wenn er sich weiter versteckt hielt. Der sich dadurch verdächtig machte. War ein junger Mann, der Probleme hatte, sein Leben auf die Reihe zu kriegen, so abgebrüht? Oder unterschätzte er Müller, weil er in ihm den kleinen, verzweifelten Drogenabhängigen sah, immer knapp am Absturz entlangschlitternd? Wusste er nicht genug über ihn? War Müller bereits ein routinierter Gewohnheitsverbrecher, der auch über Leichen ging?

Kesselring liess die Kollegen von der Spurensicherung ihre Arbeit tun und widmete sich der Sekretärin, die inzwischen eingetroffen war.

«Herr Häberli sagt, dass Sie sich in Jürg Neuenschwanders Büro auskennen. Stimmt das?», begann er.

«Ja, er verlässt sich sehr auf mich. Entschuldigen Sie – er verliess sich auf mich», korrigierte sie sich.

«Könnten Sie feststellen, ob etwas fehlt?»

«Ich denke schon.»

«Wir dürfen im Augenblick nichts berühren, bis die Spurensicherung fertig ist. Wenn Sie jetzt einen Blick hineinwerfen, fällt ihnen da vielleicht schon etwas auf?»

«Mir ist schon etwas aufgefallen. Der Inhalt des Safes ist verschwunden. Das ist wichtig.»

«Inwiefern?»

«Zunächst befand sich darin Bargeld, etwa zweitausend Franken. Ferner bewahrte der Chef hier immer die wichtigsten Papiere auf, Verträge mit Kunden etwa, ein paar Testamente.»

«Wem könnte so etwas helfen?»

Die Sekretärin überlegte kurz. «Wer weiss? Wenn mir das Testament meines Vaters nicht passt und ich weiss, wo es liegt, könnte ich ja in Versuchung kommen, es verschwinden zu lassen.»

«Gibt es eine Liste vom Inhalt des Safes?»

«Ja, ich gebe sie Ihnen sofort.»

Kesselring kam nichts mehr in den Sinn, was er hätte fragen können. Er bat die Sekretärin, anschliessend sehr aufmerksam das Büro Neuenschwanders durchzugehen und ihre Beobachtungen zu melden. Er gab ihr seine Handynummer.

Montag, 13. September 2004, 9.17 Uhr
Bern. Waisenhausplatz 32
Polizeipräsidium. Kommissar Kesselrings Büro

Als Kesselring ins Büro zurückkam, lag ein Zettel auf seinem Schreibtisch. *Bitte Erika Neuenschwander anrufen. Sascha.*

«Guten Tag, Herr Kesselring. Ich habe beim Aufräumen im Schreibtisch meines Ehemanns am Samstag Entdeckungen gemacht, die Sie interessieren könnten. Informationen über seine Geliebten. Das ist vielleicht eher wichtig für mich. Aber dann habe ich festgestellt, dass seine Armeepistole verschwunden ist, samt den Patronen.»

Kesselring war einen Augenblick sprachlos. «Und das sagen Sie erst heute? Sie wissen doch, dass Ihr Mann mit einer Pistole erschossen wurde!»

«Ich bin mir bewusst, dass das ein bisschen seltsam anmutet. Aber ich habe mich nie um diese Dinge gekümmert, und zuerst dachte ich, dass mein Mann die Pistole vielleicht neuerdings woanders aufbewahrt hat. Aber jetzt habe ich alles durchsucht, und die Waffe ist wirklich verschwunden.»

Montag, 13. September 2004, 9.45 Uhr
Tippschigen. Fouralèsstrasse 5
Im Haus der Witwe Neuenschwander

Kesselring fuhr sofort nach Tippschigen und liess sich von Erika Neuenschwander die Schublade zeigen, in der der Ermordete seine Dienstwaffe aufbewahrt hatte. Neuenschwander war Offizier im Range eines Majors, hatte also eine Pistole 75 samt Munition zu Hause. Mit einer solchen Waffe war er, wie sie herausgefunden hatten, erschossen worden. Kesselring spürte, dass dies eine heisse Spur war. Er war sich fast sicher, dass der Tote mit seiner eigenen Waffe umgebracht worden war.

«Ich weiss, dass mich das verdächtig macht, Herr Kommissar. Ich weiss, wo die Pistole lag, und ich sage Ihnen erst nach zwei Tagen, dass sie verschwunden ist. Aber ich habe mit dem Mord an meinem Mann nichts zu tun.»

Kesselring, der selbst Offizier war, wusste, dass es für die Aufbewahrung der Dienstwaffe Vorschriften gab. Waffe, Verschluss und Munition mussten getrennt aufbewahrt werden. Die Witwe hatte davon keine Ahnung. Sie war aber der Meinung, dass sie alles zusammen schon in dieser Schublade gesehen habe. Wenn das so war, hatte Neuenschwander gegen Weisungen verstossen. Kesselring hatte das schon öfter gesehen.

«Zeigen Sie mir bitte die Bilder, Frau Neuenschwander.»

«Ich habe zwei Tage mit mir gerungen, ob ich sie Ihnen zeigen soll. Ich wollte das alles eigentlich verbrennen, hinter mir lassen. Vergessen. Doch dann hat mein Gewissen gesiegt. Es könnte eine Bedeutung für die Aufklärung haben, nicht wahr?»

«Ja, ich bin froh, dass Sie sich so entschieden haben.» Kesselring wusste je länger, desto weniger, wie er diese Frau einschätzen sollte. In ihrer kühlen Sachlichkeit nährte sie den Verdacht, vielleicht ebenso sachlich ihren Mann umgebracht zu haben. Ihren Mann, den sie, daran bestand kein Zweifel, verachtet hatte. Gehasst. Aber war ihr Hass gross genug, ihn kaltblütig zu erschiessen? Und wenn ja, warum gerade jetzt?

Kesselring liess sich die Bilder und die Briefe zeigen. Die Liebesbezeugungen interessierten ihn nicht, nur die Bilder. Neun Stück. Auf der Rückseite waren Jahreszahlen vermerkt. «Die Schrift meines Mannes», sagte Erika Neuenschwander mit Abscheu in der Stimme. «Er hat fein säuberlich notiert, in welcher Zeit er ein Verhältnis mit den betreffenden Frauen hatte.» Neuenschwander schien sich für keinen Typ Frau besonders interessiert zu haben. Da wa-

ren leicht mollige Frauen um die fünfzig, attraktive Dreissig-
jährige, eine sogar kaum zwanzig, blond, schlank, wie aus
einem Modemagazin. Und immer das Jahresprotokoll:
1996–1998, 1997–2001, 2003, leider nur kurz, war bei der
Zwanzigjährigen notiert. Wahrscheinlich hat sie schnell gemerkt, was für ein schleimiger Hochstapler in Sachen Beziehungen er war, dachte Kesselring angewidert.

Trophäen. Wie ein Jäger das Geweih eines erschossenen
Hirsches mit nach Hause nimmt und an die Wand nagelt.
Oder der Kopfjäger die Schrumpfköpfe der getöteten Feinde
vor seiner Hütte aufhängt, um zu zeigen, wie gefährlich er
ist. Für wen hatte Neuenschwander die Sammlung wohl angelegt? Für sich selbst, um sich immer wieder zu beweisen,
was für ein potenter Kerl er doch in seinem Alter noch war?
Oder hatte er diese Fotos seinen Saufkumpanen gezeigt,
nach der vierten Flasche Wein und dem fünften Grappa?
Hatte er dabei vielleicht sogar intime Details zum Besten gegeben, zum Gaudi seiner besoffenen Kameraden? Irgend-
einen Grund musste es ja haben, dass Neuenschwander
nicht, wie es nahe liegend gewesen wäre, alle Spuren seiner
Seitensprünge verwischt hatte.

«Kennen Sie sie?», fragte er die Witwe.

«Ja. Die meisten. Einige sind sogar Freundinnen. Hier, die
Frau von Rolf Häberli.» Kesselring nickte. Alle hatten es gewusst in Tippschigen, nur sie nicht. Dorfklatsch pur. «Und
hier eine meiner Freundinnen aus dem Yoga. Ich wusste
nicht, dass sie meinen Mann überhaupt kannte. Und dies ist
meine Putzfrau.» Sie hielt das Foto einer knapp Fünfzigjäh-
rigen in der Hand. «War. Ich habe sie noch am Samstag fristlos entlassen. Gleich nachdem ich die Fotos gefunden habe.»
Sie blickte auf. «Jürg hat alles genommen, was ihm an Frauen
über den Weg lief. Ich wusste, dass er Geliebte hatte, aber
dass es so viele waren, ist mir neu.» Sie machte eine kurze
Pause. «Er war schlimmer, als ich gemeint habe.»

Kesselring nickte abwesend. Er starrte auf ein Foto. Die Sekretärin des Notariatsbüros Neuenschwander & Häberli. *1999– …* stand auf der Rückseite.

Montag, 13. September 2004, 10.25 Uhr
Bern. Waisenhausplatz 32. Polizeipräsidium
Kommissar Kesselrings Büro

Vera Geissbühler fühlte sich sichtlich unwohl.

Kesselring hatte sie sofort mit dem Auto im Anwaltsbüro Neuenschwander & Häberli abgeholt – unter den lautstarken, aber vergeblichen Protesten Häberlis – und war mit ihr in sein Büro gefahren. Er war wütend über die aalglatte Diskretion in diesem Anwaltsbüro. Wunderschöne Fassade, dahinter die ganze Dramatik entgleisten Lebens, dachte er. Neuenschwander ein unerträglicher Machtmensch und Schürzenjäger, Häberli ein Schwächling und Verlierer. Und die Sekretärin? Spielte die Harmlose, liess sich vom Chef ins Bett legen und verschwieg es. Kesselring hielt es für hilfreich, sie unter Druck zu setzen.

«Frau Geissbühler, Sie hatten ein Verhältnis mit Ihrem Chef, nicht wahr?», begann er.

Sie wurde rot, blickte vor sich auf den Boden. Dann schlug sie die Beine provokativ übereinander, verschränkte die Arme und blickte ihn herausfordernd an.

«Ja, und? Wollen Sie mich dafür einsperren? Die Zeiten, als man für ausserehelicheLiebesbeziehungen – oder dafür, dass man als allein stehende Frau ein Verhältnis mit einem verheirateten Mann hatte – bestraft wurde, sind in der Schweiz seit etwa vierzig Jahren vorbei. Das sollten Sie wissen, Herr Kommissar.»

«Seien Sie vorsichtig, Frau Geissbühler. Es könnte für die Aufklärung des Mordes an Neuenschwander wichtig sein, dass Sie mit ihm ins Bett gegangen sind. Sie haben uns diese Information vorenthalten.»

«Stehe ich unter Mordverdacht, nur weil ich ihn geliebt habe?»

Die Sekretärin wirkte trotzig, war jetzt aber sichtlich verunsichert.

«Noch nicht. Aber natürlich sind Sie vorgemerkt. Frauen töten oft aus verletzten Gefühlen heraus. Vielleicht hat ja Neuenschwander mit Ihnen Schluss gemacht, und Sie haben ihn aus Rache erschossen.»

Ihre Augen blitzten. «Jürg hat nicht Schluss gemacht. Er hat mich geliebt.»

«Er hat Sie so sehr geliebt wie alle anderen Frauen vor und neben Ihnen. Wussten Sie, dass er parallel zu Ihnen noch zwei weitere Geliebte hatte?» Kesselring blickte sie aus zusammengekniffenen Augen an.

«Das ist eine Lüge», presste Vera Geissbühler hervor. «Er hat nur mich geliebt!»

«Ja, das denken alle. Aber wie Sie richtig sagen, ist es nicht die Aufgabe der Polizei, im Privatleben anderer herumzuschnüffeln.» Kesselring wusste, dass die Frau jetzt aufgewühlt genug war.

«Sagen Sie mir jetzt alles, was Sie wissen. Machen Sie sich nicht unglücklich. Wenn Sie uns weiterhin Fakten verheimlichen, droht Ihnen eine Anzeige wegen Behinderung der Polizei.»

Jetzt standen der Sekretärin die Tränen in den Augen. Sie kämpfte mit sich, das war offensichtlich.

Kesselring hatte Zeit. Er stand auf, bot ihr wortlos ein Papiertaschentuch an. Sie begann zu weinen. Schluchzte still vor sich hin, mehrere Minuten lang. Kesselring setzte sich wieder. Wartete.

«Der Ordner ist weg», begann sie leise.

«Welcher Ordner?», half Kesselring nach.

«Der Ordner. Im Safe. Er ist weg.» Vera Geissbühler starrte vor sich hin. Offensichtlich beschäftigte sie diese Entdeckung.

«Und Geld und Testamente», ergänzte er.

«Ja, klar, aber das ist unwichtig. Die paar Franken. Und Kopien der Testamente liegen im Safe von Rolf Häberli.»

«Was ist mit diesem Ordner, Frau Geissbühler?»

Anscheinend hatte sie sich entschlossen auszupacken. «Er enthielt belastendes Material gegen Rolf Häberli. Jürg wollte ihn aus der Kanzlei werfen und erpresste ihn. Rolf hatte als Anwalt bei unsauberen Finanzgeschäften mitgemacht. Jürg wusste das und sammelte entsprechende Dokumente. Die befanden sich in diesem Ordner.»

«Was für illegale Geschäfte?»

Die Sekretärin begann wieder zu schluchzen, diesmal lauter. Es war wie ein Krampf. Kesselring schaute sie ausdruckslos an. Er kannte das. Frau hilft Mann mit krimineller Energie, weil sie ihn liebt. Irgendwann merkt sie, dass seine Liebe nur vorgetäuscht ist, und eine Welt bricht zusammen.

Schliesslich war Vera Geissbühler wieder fähig zu sprechen.

«Das Ganze ist furchtbar, ich kann es immer noch nicht fassen. Ich arbeite seit über zwanzig Jahren in diesem Anwaltsbüro, wissen Sie, ich habe schon unter dem Vater von Herrn Häberli gearbeitet. Das war ein grundehrlicher Mensch, ein Patron von altem Schrot und Korn. Der ideale Arbeitsort für mich. Und jetzt habe ich Angst, ihn zu verlieren. Mit meinen fast fünfzig Jahren wäre es nicht leicht, wieder eine vergleichbare Aufgabe zu finden.»

«Und deshalb wollen Sie schweigen? Und Verbrechen decken? Ist es das wert, Frau Geissbühler?», versetzte Kesselring schroff.

«Es begann mit einem Fehler von mir. Post für das Anwaltsbüro kommt zu mir. Ich öffne sie und lege sie den beiden Anwälten auf den Schreibtisch. Vor etwa einem Jahr legte ich irrtümlicherweise einen Brief, der an Rolf adressiert war, auf den Stapel von Jürg. So etwas kann in der Hektik schon mal passieren.» Den letzten Satz schien Vera Geissbühler mehr zu sich selbst zu sagen. Offensichtlich haderte sie mit den Konsequenzen, die dieser kleine Fehler ausgelöst hatte.

«Es war der Brief eines ausländischen Geschäftspartners, der Rolf für seine Mitarbeit dankte und bestätigte, dass er auch weiterhin denselben Betrag jährlich dafür erhalten werde. Im Brief war ein Bankkonto angegeben, das auf den Namen Rolf Häberli lautete. Rolf erhielt jährlich eine halbe Million.»

«Worum handelte es sich bei diesen Geschäften?»

«Geldwäscherei. Jürg ging der Geschichte nach und fand heraus, dass Rolf seit mehreren Jahren in solche Geschäfte verwickelt war und dabei enorme Summen verdiente. Einfach nur dadurch, dass er als Anwalt ein Konto eröffnet hatte. Auf dieses Konto wurden Millionbeträge eingezahlt. Er selbst leitete sie dann weiter.»

«Woher kamen die Gelder?»

«Das weiss ich nicht. Und ich zweifle daran, dass Rolf selbst es wusste. Solche Geschäfte laufen unter höchster Diskretion ab. Und es ist für beide Seiten besser, wenn sie nicht mehr als unbedingt nötig wissen. Aber Rolf war sich ohne Zweifel dessen bewusst, dass er etwas Illegales tat.»

«Und warum hat dies früher niemand bemerkt?»

«Es gibt unendlich viele Möglichkeiten, solche Machenschaften vor dem Partner, der Sekretärin und auch vor den Buchprüfern zu verstecken. Dass Rolf dieses Konto mit den auffällig hohen Beträgen vorher nie genannt hatte, bewies ja gerade, dass er hier etwas verbergen wollte. Wenn ich den Brief nicht auf den falschen Stapel gelegt hätte, wäre es nie herausgekommen.»

«War Geldwäscherei das einzige illegale Geschäft, in das Herr Häberli verwickelt war?»

«Soweit ich weiss, ja.»

«Welche Rolle haben Sie gespielt?»

Sie blickte ihn kurz aus ihren geröteten Augen an.

«Ich habe Jürg geholfen, belastendes Material über Rolf zu sammeln. Das war für mich kein Problem, ich hatte ja Zugang zu fast allen Dokumenten. Jürg und ich haben zusammen den Ordner angelegt. Wenn man diese Dokumente weitergegeben hätte, wäre Rolf geliefert gewesen. Ich dachte ja zuerst, Jürg wolle damit seinen Partner zur Räson bringen. Erst später merkte ich, dass er ihn erpresste.»

«Was wollte er? Geld?»

«Nein. Rolf sollte aus dem Geschäft aussteigen. Jürg hielt ihn für unbrauchbar und wollte ein Anwaltsbüro nach seinen Vorstellungen aufbauen, mit einem jungen Partner, der von ihm abhängig wäre.»

«Hat Häberli von der Existenz des Ordners gewusst?»

«Ja. Jürg hat ihm davon erzählt.»

Kesselring lehnte sich zurück und dachte eine Weile nach.

«Etwas frage ich mich die ganze Zeit, Frau Geissbühler. Das belastende Material lag doch im Safe von Jürg Neuenschwander. Herr Häberli hat mir gesagt, dass er den Code dazu kennt. Warum hat er es nicht einfach verschwinden lassen?»

«Der Ordner war gar nicht so wichtig. Selbst wenn er verschwunden wäre, hätte man die illegalen Geschäfte schnell rekonstruieren können. Wenn man weiss, wonach man sucht, findet man es schnell. Das Problem bei diesen Dingen ist meist, dass niemand weiss, wonach zu suchen ist.»

«Warum dann die ganze Arbeit, wenn sie gar nicht nötig ist?»

«Als Druckmittel. Jürg hat mir erklärt, Rolf sei leicht unter Druck zu setzen und ihm sei jedes Mittel recht, um ihn zum Verlassen der Firma zu zwingen.» Sie blickte kurz auf. «Ich habe Rolf einmal beobachtet, wie er vor dem offenen Safe stand und den Ordner anstarrte. Er suchte wahrscheinlich nach einer Lösung. Doch er wusste: Es gab keine. Entwendete er den Ordner, würde Jürg ihn hochgehen lassen. Liess er ihn dort, hatte er sein nahes Ende immer vor Augen.»

Ein Sadist, dieser Neuenschwander. Er wollte seinen Partner leiden sehen. In Kesselring stieg Ekel hoch. Ekel vor Rolf Häberli, der auf kriminelle Weise zu schnellem Geld kommen wollte. Und Abscheu vor dem Ermordeten, der durch die Erpressung genauso viel kriminelle Energie an den Tag legte. Und eine milde Verachtung, gepaart mit Mitleid, für die Sekretärin.

Vera Geissbühler begann wieder zu schluchzen. «Jürg hat mich gebeten, ihm zu helfen. Er hat sogar Andeutungen gemacht, dass er sich scheiden lassen wolle.» Sie wurde von einem Heulkrampf geschüttelt. «Aber wahrscheinlich hat er mich nur benutzt.»

Kesselring atmete tief durch. Der ganz normale Wahnsinn, dachte er. Die durchschnittliche Dummheit und Naivität. Und diejenigen, die damit zu spielen verstanden, waren die Gewinner. Nutzten andere aus, erpressten sie und schwammen immer obenauf. Ausser, wenn sie unerwarteterweise erschossen wurden. In einem perversen Akt von Gerechtigkeit.

«Frau Geissbühler, könnte es sein, dass Rolf Häberli selbst den Einbruch inszeniert hat, um den Ordner verschwinden zu lassen?»

Sie stutzte. «Ich weiss es nicht.»

«Weiss er, dass Sie wissen?»

«Ich habe keine Ahnung.» Vera Geissbühler begann wieder, leise zu weinen.

Montag, 13. September 2004, 11.51 Uhr
Tippschigen. Schützenstrasse 8
Notariatsbüro Neuenschwander & Häberli

«Können Sie mich nicht einmal eine gewisse Zeit in Ruhe arbeiten lassen?» Aufgebracht blickte ihn der Anwalt an. Er sass hinter seinem Schreibtisch, Kesselring blieb mitten im Raum stehen.

«Sobald Sie damit aufhören, wichtige Informationen zurückzuhalten. Ich erinnere Sie daran, Herr Häberli: Sie haben nicht gesagt, dass Ihre Frau ein Verhältnis mit Jürg Neuenschwander hatte. Und jetzt kommt heraus, dass er Sie erpresst hat.»

Häberli wurde blass.

«Wo ist der Ordner, Herr Häberli?»

Es arbeitete in Häberlis Gesicht. Kesselring wartete. Er blieb stehen. Bewegungslos.

«Ich weiss nicht, wovon Sie sprechen», brachte er schliesslich hervor.

«Schade, Herr Häberli. Ihre Sekretärin scheint mehr zu wissen als Sie selbst.»

Häberli atmete schwer. Diesen Schlag musste er zuerst verdauen. Kesselring war sich jetzt sicher, dass er nicht gewusst hatte, dass Vera Geissbühler in die ganze Schlammschlacht eingeweiht war.

«Ich verbitte mir solche Frechheiten. Ich werde mich bei Ihrem Vorgesetzten beschweren. So lasse ich mich nicht von Ihnen behandeln.»

«Drohungen bringen Ihnen jetzt nichts. Haben Sie den Einbruch inszeniert und den Ordner verschwinden lassen?»

Häberli hatte sich wieder gefangen. «Ich weiss nicht, wovon Sie sprechen.»

«Was machen Sie mit der Aussage Ihrer Sekretärin?», beharrte Kesselring.

«Damit mache ich, dass ich sie fristlos entlasse. Sie hat das alles erfunden, um mir zu schaden. Es war seit längerem deutlich, dass sie mich nicht mochte. Ich hatte in letzter Zeit sogar den Eindruck, dass Jürg und sie ein Verhältnis hatten.»

«Warum sollte sie so etwas erfinden?»

«Vielleicht denkt sie, ich hätte meinen Partner umgebracht, und will sich jetzt an mir rächen. Was weiss ich. Frauen sind unberechenbar. Es spielt keine Rolle.»

Kesselring wartete.

«Ich habe mit dem Einbruch nichts zu tun. Ist doch klar, wie das gegangen ist: Der Mörder hat die Schlüssel mitgenommen und dann den Einbruch begangen. Offenbar hat er ja auch tatsächlich Bargeld gefunden.»

Ja, genau so soll es aussehen, dachte Kesselring.

«Würden Sie mich jetzt bitte arbeiten lassen? Ich habe viel zu tun, wie Sie sich vielleicht vorstellen können!»

Bis bald, dachte Kesselring, als er das Büro verliess.

Mittagszeit. War das ein Montagmorgen.

Sascha und er hatten vereinbart, sich im Restaurant Bären in Tippschigen zum Essen zu treffen. Kesselring stieg gerade in sein Auto, als sein Handy klingelte.

«Du musst sofort kommen, Peter», sagte Lüthi. «Wir haben einen weiteren Toten.»

Freitag, 28. Juni 2001, 22.10 Uhr
Schönbühl-Urtenen. Feldeggstrasse 41
In einer Dreizimmerwohnung

Livia Calderoni sass auf dem Sofa, die Beine unter ihrem Körper angezogen, und zappte durch das Fernsehprogramm. Sie wartete auf ihn. Er habe noch zu tun, hatte er gesagt. Sie solle doch schon mal zu ihm gehen. Es könne gut und gerne elf Uhr werden, bis er kommen könne. Seit sie sich kannten, wechselten sie ab: einmal übernachtete sie bei ihm, dann kam er zu ihr.

Sein Plan hatte sie erschreckt, zunächst. Das Wissen auswerten. Finanziell. Es den Kirchgemeinderäten heimzahlen, die vordergründig Gutes taten und hintenrum Bestechungsgelder einsteckten.

Vor allem hatte sie Angst, dass die Sache auffliegen könnte. Was, wenn einer der beiden auspackte? Was, wenn sie herausfinden würden, wer dahinter steckte? Dann waren sie dran. Auf Erpressung standen hohe Strafen.

Er beruhigte sie. Er würde es so einrichten, dass weder Neuenschwander noch Bärtschi dahinter kommen könnten, wer es war. Sie würden weder ihren noch seinen Namen erfahren. Der Plan war perfekt: Die beiden mussten das Geld immer am gleichen Datum des Monats auf einem bestimmten Kurs eines Schiffs auf dem Thunersee unter eine Sitzbank kleben. Livia würde sie beobachten – das ging ohne Probleme, denn weder Neuenschwander noch Bärtschi kannten sie. Wenn die Luft rein war, würde Livia das Geld holen. Dieses Vorgehen war bis etwa Oktober brauchbar, solange die Schiffe fuhren. Für den Winter würden sie sich etwas anderes überlegen.

Das hatte Livia überzeugt. In einer Woche würden sie beginnen. Sie war ein wenig nervös.

Achtes Kapitel,

in dem ein weiterer Toter gefunden wird
und Kommissar Kesselring sich ungebührlich verhält

Montag, 13. September 2004, 6.30 Uhr
Tippschigen. Wylerbergstrasse 47. Im Haus von Béatrice Kummer

Béatrice Kummer stellte die Kerze auf den Schreibtisch und zündete sie an. Nahm die Bibel hervor und öffnete sie. Sprach ein stilles, kurzes Gebet.

Sie war noch ganz erfüllt von der letzten Woche. Fünf Tage lang hatte sie zusammen mit ihrem Mann im Berner Oberland an einer Fastenwoche teilgenommen. Der Referent dort hatte eindringlich, mit grosser geistlicher Autorität zu ihnen gesprochen. Sie war gebannt gewesen von der einfachen, einleuchtenden Botschaft, die er zu überbringen hatte: Als Nachfolgerinnen und Nachfolger Jesu sind alle Christinnen und Christen Botschafter des Friedens und der Liebe. Jesus hat sogar seine Feinde lieben können, dasselbe können und sollen wir alle tun. Das Fasten, das Singen und die Andachten führten sie in eine Gewissheit, die sie so noch nie gespürt hatte: Ja, auch sie war von Gott berufen, diese Botschaft des göttlichen Friedens in die Welt zu tragen. Und anders als zuvor fühlte sie sich jetzt, nach dieser Woche, auch stark genug, den täglichen Anfechtungen zu widerstehen, die sich ihr in diesem Auftrag entgegenstellten. Sie hatte nun die Gewissheit, negative Gedanken, die sie manchmal anderen gegenüber überfielen, überwinden zu können.

Béatrice Kummer hatte sich vorgenommen, diesen Auftrag in ihre Arbeit in der Kirchgemeinde hineinwirken zu lassen. Gerade bei ihr, einer Kirchgemeinderätin, war eine solche Haltung gefragt: Denn auch hier in der Kirche war viel Unfrieden, viel Zerrissenheit und Lieblosigkeit. Sie könnte mit ihrem stillen Vorbild viel bewirken, davon war sie überzeugt.

Der Referent der Fastenwoche hatte ihnen empfohlen, jeden Morgen eine persönliche Andacht zu halten und dabei über biblische Texte zu meditieren. Als geistliche Stärkung für den Alltag. Béatrice Kummer tat dies nun schon seit mehreren Tagen, Stück für Stück ging sie die Bergpredigt durch. Heute war der Abschnitt über die Feindesliebe an der Reihe. Sie hatte etwas mehr Mühe, sich zu konzentrieren, seit der Mord geschehen war. Es gab diese schrecklichen Gerüchte, wonach Jürg Neuenschwander nicht einem Raubüberfall zum Opfer gefallen war. Hatte ihn jemand, der ihn hasste, erschossen?

Das beschäftigte sie. Wie oft war sie selbst der Versuchung erlegen und hatte schlecht über Jürg geredet. Mehr als einmal hatte sie ihn ins Pfefferland gewünscht, ja sie hatte ihn regelrecht gehasst. Auch sie hatte sich von ihm und seiner autoritären Art oft überfahren, ungerecht behandelt, übergangen gefühlt. Béatrice Kummer hatte ein schlechtes Gewissen deswegen. Was würde Jesus dazu sagen? Er hätte Jürg nicht gehasst, sondern geliebt. Und sie als seine Jüngerin war verpflichtet, seinem Beispiel zu folgen. Sie hatte versagt, als Christin, als Nachfolgerin Jesu.

Nach dem abschliessenden Gebet spürte sie, dass es richtig sein würde, zu Beginn der heutigen Sitzung als Ressortleiterin «Diakonie» diesen biblischen Text vorzulesen und einige Gedanken dazu weiterzugeben.

Für alle war die Ermordung Neuenschwanders ein Schock. Viele, das wusste sie, hatten ihn nicht geschätzt. Sie war da nicht die Einzige. Was in der Vergangenheit gedacht und gesagt worden war, konnte jetzt nicht mehr rückgängig gemacht werden. Sie wollte heute Gelegenheit geben, Gefühle des Hasses und der Schuld abzulegen und die Herzen neu auf Jesus und seine umfassende Liebe auszurichten.

Montag, 13. September 2004, 9.00 Uhr
Tippschigen. Im Kirchgemeindehaus. Kleines Sitzungszimmer

Um neun Uhr hatten sich fast alle im Sitzungszimmer versammelt. Es war eine schöne Gewohnheit, dass man sich zur
Begrüssung umarmte und auf die Wangen küsste – jedenfalls
diejenigen, die wirklich dazugehörten. Zum inneren Kreis.
Béatrice Kummer gehörte dazu, schon seit vielen Jahren. Sie
war stolz darauf.

Sie hatte in der Mitte des Tisches farbige Laubblätter
und eine Kerze arrangiert. Auch die Atmosphäre in den Sitzungen war wichtig. Sie hatte sich für diesen Morgen vorgenommen, den friedvollen Geist Jesu in ihrer Mitte wirken
zu lassen. Blätter und eine Kerze, davon war sie überzeugt,
würden die richtige Stimmung entstehen lassen.

Doris Kämpfer von der Besuchergruppe war da, auch
Christiane Hügli von den Bastelfrauen. Die Diakonin, Angelika Hegenschwiler, und Sonja Müller von der Meditations-
gruppe waren zusammen gekommen, sie verstanden sich
auch privat gut. Walter Gümperli, der die Gebetsgruppe der
Kirchgemeinde leitete, war erfreulicherweise auch da, obwohl er, gut achtzigjährig, bereits stark gehbehindert war.
Eine schöne Truppe, dachte Béatrice Kummer. Sie spürte,
dass sie alle von Herzen lieben konnte.

Pfarrer Andreas Zehnder kam, wie immer, ein paar Minuten zu spät. Geräuschvoll öffnete er die Tür, und als er die
Kerze auf dem Tisch sah, verzog er das Gesicht. Er setzte
sich auf den letzten freien Stuhl.

«Bevor wir beginnen: Ich muss in fünfzig Minuten wieder gehen. Also bitte eine kurze Einleitung und danach die
wichtigen Traktanden zuerst.»

Béatrice Kummer schluckte ihren Ärger hinunter. Diesen
jungen Pfarrer hatte sie vom ersten Tag an nicht gemocht. Er
hatte sich gegen die «unsinnige Abküsserei» gestellt, kaum

dass er vor drei Jahren angefangen hatte. Er schien nicht zu wissen, was er damit alles kaputt machte. Die gewachsenen, wertvollen Beziehungen, die er damit in Frage stellte. Sogar gegen die geistlichen Einstimmungen hatte er sich schon ausgesprochen. Sitzungen seien Sitzungen, pflegte er zu sagen, und Andachten seien Andachten. An Sitzungen wolle er effizient arbeiten und nicht seine Seele massieren. Kummer war jedes Mal neu empört, wenn sie das hörte. Dieser Mann hatte nicht begriffen, dass in der Kirche, der Gemeinde Jesu, die Dinge anders waren.

Sie rief sich zur Ordnung. Sie musste auch Andreas lieben lernen, so wie Jesus alle Menschen geliebt hatte. Sie bemühte sich, Verständnis zu zeigen und liebevoll auf ihn einzugehen.

«Selbstverständlich, Andreas. Ich möchte heute zu Beginn einen Text vorlesen, der von Feindesliebe handelt. Ich denke, dass wir dies gerade in diesen Tagen, in denen wir durch fürchterliche Ereignisse beunruhigt werden, brauchen können. Viele von uns ringen in diesen Tagen und Stunden mit ihrer Unvollkommenheit.»

Sie öffnete die Bibel, suchte einen Augenblick und fand dann die Stelle:

«Ich lese aus dem Matthäus-Evangelium, Kapitel 5, die Verse 43 bis 48: *Ihr habt gehört, dass gesagt wurde: Du sollst deinen Nächsten lieben und deinen Feind hassen. Ich aber sage euch: Liebt eure Feinde und betet für die, die euch verfolgen, so werdet ihr Söhne eures Vaters im Himmel; denn er lässt seine Sonne aufgehen über Böse und Gute und lässt regnen über Gerechte und Ungerechte. Denn wenn ihr die liebt, die euch lieben, welchen Lohn habt ihr da? Tun das nicht auch die Zöllner? Und wenn ihr nur die Brüder grüsst, was tut ihr da Ausserordentliches? Tun das nicht auch die Heiden? Ihr sollt also vollkommen sein, wie euer himmlischer Vater vollkommen ist.*

Béatrice Kummer schloss die Bibel langsam, senkte demütig ihren Blick.

«Das Wort Gottes weist uns an, auch die Menschen zu lieben, denen wir nicht in Freundschaft verbunden sind. Das ist schwierig, Jesus wusste es, als er es gesagt hat. Wir wollen dies gerade in diesen Tagen bedenken und unsere Herzen erforschen. Wenn etwas Unreines in unseren Herzen ist, legen wir es unters Kreuz und bitten Gott um Vergebung. Wir werden still.»

Alle falteten die Hände und senkten die Köpfe.

«Ich nicht.»

Alle blickten erschrocken auf. Zehnder hatte bereits die Bibel aufgeschlagen.

«Ich möchte ebenfalls einen Text lesen. Erster Petrusbrief, Kapitel 2, Vers 1: *Abgelegt habt ihr nun alle Bosheit, alle Arglist, Heuchelei und Missgunst und alle üble Nachrede.*

Er schaute Béatrice Kummer herausfordernd an.

«Was soll das ganze Geschwätz um den heissen Brei herum? Es geht um Neuenschwander, es geht um unser Verhältnis zu ihm, um das es nie zum Besten bestellt war. Jetzt leiden wir alle daran, alle fühlen wir uns schuldig. Das ist eine sehr heikle Sache. Ich erinnere mich daran, dass du, Béatrice, gesagt hast, Jürg sei, ich zitiere, ‹eine Pest›. Vor zwei Wochen. Und jetzt spielst du hier die Heilige, die uns in der Trauer anleitet. Solche Probleme kann man nicht auf die Schnelle in der Einleitung zu einer Sitzung lösen. Ich finde das verantwortungslos.»

Einen Augenblick lang herrschte Stille. Man hätte eine Stecknadel fallen hören. Verschreckt warteten alle darauf, was jetzt passieren würde. Die Spannungen zwischen Béatrice Kummer und Pfarrer Zehnder waren bekannt.

Als Erster fasste sich Herr Gümperli von der Gebetsgruppe. «Der Leitfaden für unsere Zusammenkünfte ist das Wort

Gottes. Der Apostel Paulus hat uns mitgegeben: *Der Gott der Geduld und des Trostes lasse euch untereinander eines Sinnes sein, nach dem Vorbild des Christus Jesus, damit ihr den Gott und Vater unseres Herrn Jesus Christus einmütig und einstimmig lobt.* Römerbrief, Kapitel 15, Verse fünf und sechs. Die Einmütigkeit des Volkes Gottes war für den Apostel Paulus stets das Wichtigste! Wir sollten uns daran halten und Zwist vermeiden!»

Christiane Hügli schien noch immer ziemlich geschockt. Langsam, aber deutlich, begann sie zu sprechen: «Also bleiben Glaube, Liebe, Hoffnung. Am grössten unter ihnen aber ist die Liebe.» Doris Kämpfer und Angelika Hegenschwiler schauten sie erwartungsvoll an, doch sie sagte nichts mehr.

Béatrice Kummer hatte die Fassung verloren. Mit kalkweissem Gesicht, aber in kontrolliertem Tonfall, wandte sie sich an Andreas Zehnder. «Warum kannst du nicht einfach mal den Mund halten und mitmachen? Warum machst du immer alles kaputt? Was hast du gegen mich?» Ihre Stimme überschlug sich, einen Augenblick lang hatte es den Anschein, als würde sie in einen Heulkrampf verfallen. Alle schauten entsetzt zu ihr. Zehnder schwieg, lehnte sich zurück. Dann fasste sie sich wieder. Ihre Stimme war immer noch wacklig, erregt, doch jetzt bereits um fast eine Oktave tiefer.

«Als Kirchgemeinderätin finde ich dein Verhalten unchristlich und eines Pfarrers unwürdig. Ich will es jetzt einmal laut und deutlich sagen: Ich habe damals bei deiner Wahl gegen dich gestimmt. Du bist zu wenig geistlich. Die Erfahrungen haben gezeigt, dass ich Recht hatte. Und, damit ich auch das nicht verheimliche: Ich halte es für möglich, dass du Jürg umgebracht hast. Du hast ihn gehasst.»

Jetzt kam Leben in die Versammlung. Die vier Frauen versuchten, Béatrice Kummer zu besänftigen, redeten auf sie ein. Man sah ihr an, dass sie den Tränen nahe war. Die Diakonin begann Zehnder anzuschreien, dass er «diese unwürdige Situation provoziert» habe. Der hatte die Arme verschränkt und blickte ruhig in die Runde. Als sich die Aufregung etwas gelegt hatte, packte er seine Unterlagen zusammen und stand auf.

«Ich glaube nicht, dass es mich hier noch braucht. Ich erwarte aufgrund der Aussagen von Béatrice meine Verhaftung wegen Mordes innert weniger Stunden. Ich gehe jetzt nach Hause, mein Köfferchen packen. Schön wäre es, wenn mich ab und zu jemand im Zuchthaus besuchen würde. Auf Wiedersehen.»

Zehnder schloss leise die Tür hinter sich. Er grinste noch immer, als ihm an der Tür des Kirchgemeindehauses Daniel Wegmüller begegnete.

«Daniel, Béatrice hat den Mordfall soeben gelöst. Ich persönlich habe Jürg erschossen.»

Wegmüller, Vizepräsident des Kirchgemeinderates, schaute ihn verärgert an. «Was soll dieser dumme Scherz? Wir haben andere Probleme!»

«Béatrice hat soeben in einer Sitzung vor fünf weiteren Leuten gesagt, dass sie glaube, ich hätte Jürg erschossen. Geh und frag sie selbst!»

Wegmüller schloss die Augen. Ein Sauhaufen, dachte er, dieser Pfarrer eingeschlossen. «Andreas, darf ich dich bitten, alle Mitarbeiter zu einer ausserordentlichen Sitzung heute um zwei einzuberufen? Wir müssen dafür sorgen, dass alle denselben Informationsstand haben und die Kommunikation nach aussen kanalisiert wird. Und dann will ich, dass diese völlig unnötigen Kleinkriege aufhören.»

Zehnder sah jetzt zerknirscht aus.

«Mache ich sofort, Daniel. Entschuldige.»

Montag, 13. September 2004, 12.20 Uhr
Tippschigen. Kirchgasse 9
Im Haus des toten Rentners Ernst Bärtschi

Der Tote lag in seinem Bett. Der Mann war, ersten Schätzungen zufolge, seit mindestens drei oder vier Tagen tot.

«Eine massive Überdosis Schlafmittel, wahrscheinlich mit grösseren Mengen Alkohol.» Sascha Lüthi deutete auf den Nachttisch, auf dem mehrere leere Medikamentenpackungen lagen. «Alles deutet auf Suizid hin.»

«Warum hat man ihn erst jetzt gefunden?», fragte Kesselring.

«Ernst Bärtschi hat allein gelebt. Er ist seit fünf Jahren Witwer. Die Nachbarn haben sich heute zu fragen begonnen, warum sie ihn so lange nicht mehr gesehen haben, und seiner Tochter telefoniert, die in Kirchberg wohnt. Sie ist sofort hergefahren und hat ihn tot vorgefunden. Sie macht sich schwere Vorwürfe, dass ihr Vater so lange unbemerkt tot gewesen ist.»

Die Tochter sass mit verweinten Augen in der Küche.

«Guten Tag, Herr Kommissar. Mein Name ist Eva Gammeter-Bärtschi, ich bin die Tochter des Verstorbenen. Es ist furchtbar.»

Kesselring blieb, wie immer in solchen Situationen, stumm. Was hätte er auch sagen sollen?

«Da meint man immer, solche Sachen passierten nur bei anderen. Und dann liegt der eigene Vater tagelang tot in seinem Haus, und niemand merkt es.» Sie bekam feuchte Augen.

Kesselring strich sich verlegen mit der linken Hand über den Hinterkopf. Ein Reflex.

«Das passiert oft.» Nicht gerade eine Meisterleistung, ein solcher Trost. Eva Gammeter nickte, wischte sich dann die Tränen aus den Augen.

«Mein Vater hat sich nicht umgebracht. Er hätte so etwas nie getan. Er war gegen Suizid, er hat mehrfach davon gesprochen, dass man sich nicht selbst töten solle. Es war gegen seine persönliche Überzeugung. Zudem hat er nie viel Alkohol getrunken. Ein Glas Wein, vielleicht zwei. Aber dann war Schluss.»

«Wie erklären Sie sich dann die Tabletten?»

«Ich weiss es nicht.» Sie überlegte einen Augenblick angestrengt.

«Vielleicht wurde er gezwungen.»

«Sie meinen, jemand hat ihn dazu gebracht, diese Tabletten zu schlucken?»

Sie zögerte einen Augenblick.

«Ich weiss es nicht. Ich kann es mir nicht erklären. Vater hätte sich nie umgebracht.»

Kesselring wusste nicht, was er davon halten sollte. Die äusseren Anzeichen wiesen klar und deutlich auf Suizid hin. Abwarten, sagte er zu sich. Vielleicht klärt sich ja noch einiges.

Montag, 13. September 2004, 13.30 Uhr
Tippschigen. Kirchgemeindehaus. Kleines Sitzungszimmer

Daniel Wegmüller empfing Lüthi und Kesselring um halb zwei in einem Sitzungszimmer des Kirchgemeindehauses. Er war Vizepräsident und hatte sie gebeten, dabei zu sein, wenn er die Mitarbeiter traf. Sie würden in einer halben Stunde eintreffen.

«Ich habe diese Sitzung einberufen, um alle persönlich zu informieren. Mit den Mitgliedern des Rats werde ich mich heute Abend treffen, das sind ja Ehrenamtliche, die arbeiten jetzt. Selbstverständlich haben alle per Mail die harten Fakten bereits erfahren. Ich bin aber froh, wenn Sie unseren Leuten aus erster Hand die letzten Neuigkeiten mitteilen können», begann Wegmüller. «Stimmt es, dass es einen weiteren Toten gibt?»

«Ja, leider. Und einen Einbruch im Anwaltsbüro Neuenschwanders. Möglicherweise hängt alles zusammen, das wissen wir noch nicht genau», entgegnete Kesselring. «Ich werde genauer informieren, wenn alle da sind. Eigentlich wollten wir jetzt kurz mit Ihnen sprechen, Herr Wegmüller. Sie sind also Vizepräsident der Kirchgemeinde. Das bedeutet wohl, dass jetzt eine Menge Arbeit auf Sie zukommt?»

«Ja, sieht so aus. Ich muss die Aufgaben übernehmen, für die Jürg, Herr Neuenschwander bisher zuständig war.»

«Sagen Sie ein paar Worte über sich», bat Kesselring.

«Ich bin dreiundfünfzig Jahre alt, verheiratet, drei Kinder. Beruflich Vizedirektor einer Regionalbank. Ich wohne seit fast zwanzig Jahren in Tippschigen und habe mich vor drei Jahren entschlossen, ein öffentliches Amt zu übernehmen. Weil Politik mich nicht sehr reizte, bin ich in der Kirchgemeinde gelandet.»

Sascha Lüthi war erstaunt. Bis jetzt hatte er gedacht, dass sich nur pensionierte Lehrer, ältliche Damen und gescheiterte Politiker in einen Kirchgemeinderat wählen liessen. Und Ärztefrauen, die so ihren Helfertrip ausleben konnten. Aber dass jemand, der im Leben grössere Erfolge vorweisen konnte, sich für eine solche Aufgabe erwärmen könnte, hätte er nicht vermutet. Kirche war doch eher etwas für Verlierer.

«Wie war Ihr Verhältnis zu Herrn Neuenschwander?», fragte er.

Daniel Wegmüller sah sie einen Augenblick an.

«Ich könnte mich jetzt hinter politisch korrekten Floskeln verstecken. Dass Jürg Neuenschwander ein erfolgreicher Mensch gewesen sei, der gut gearbeitet habe. Und so weiter. Aber ich will ehrlich zu Ihnen sein. Er war ein Machtmensch. Man konnte nur ein gutes Verhältnis zu ihm haben, wenn man sich ihm unterwarf. Das galt für Mitarbeiter, das galt aber auch für den Kirchgemeinderat. Wer nicht kuschte, wurde von ihm fertig gemacht. Zwei jüngere Mitglieder des Rats sind zurückgetreten, seit er vor über zwei Jahren sein Amt als Präsident angetreten hat. Es waren Protestrücktritte, doch Neuenschwander hat sogar ihre Rücktrittsschreiben unterschlagen. Bei den Mitarbeitenden stand ebenfalls zu befürchten, dass der eine oder die andere geht. Ich denke beispielsweise, dass unser jüngerer Pfarrer, Andreas Zehnder, sich die gezielten Demütigungen Neuenschwanders nicht mehr sehr lange hätte bieten lassen.»

«Und Sie, wie sind Sie selbst mit ihm zurechtgekommen?»

Wegmüller lächelte kurz. «Im Bankgeschäft begegnet man solchen Leuten oft. Es gibt grundsätzlich zwei Möglichkeiten, mit jemandem wie Jürg Neuenschwander umzugehen: Entweder man versucht, ihn zu besiegen. Dann gibt es einen Machtkampf, und irgendwann muss jemand gehen. Oder man weicht ihm aus, arrangiert sich, versucht, damit zu leben. Im Kirchgemeinderat habe ich den zweiten Weg gewählt.»

«Sie haben sich arrangiert?»

«Ja. Aber es ist keine Lösung. Ich bin ja nicht in den Kirchgemeinderat eingetreten, um hier die gleichen Spielchen zu erleben wie im Berufsleben. Wahrscheinlich war ich naiv, aber ich habe tatsächlich gedacht, in der Kirche laufe es besser. Menschlicher. Liebevoller.»

«Und jetzt übernehmen Sie den Laden?» fragte Lüthi.

«Nein, ich habe bereits vor etwa drei Monaten meine Demission eingereicht und komme nicht auf meine Entscheidung zurück. Ich werde auf Ende Jahr aus dem Kirchgemeinderat austreten. Auch die Arbeit als Präsident übernehme ich jetzt nur ad interim. Da kommen ein paar Probleme auf die Kirchgemeinde zu. Aber das sind ja nicht die Ihren.»

Montag, 13. September 2004, 14.00 Uhr
Tippschigen. Kirchgemeindehaus. Grosses Sitzungszimmer

Im grossen Sitzungszimmer hatten sich die Mitarbeiterinnen und Mitarbeiter der Kirchgemeinde schon versammelt. Etwa zwanzig Leute sassen um den Tisch. Es herrschte gespannte Ruhe, als sie eintraten. Lüthi schaute sich um und hoffte, die Sekretärin zu sehen. Tatsächlich, Barbara Liechti war auch gekommen. Sie lächelte ihm aufmunternd zu, während sie sich oben an den Tisch setzten. Zwinkerte.

«Danke, dass ihr alle gekommen seid», eröffnete Wegmüller die Sitzung. «Ihr habt bereits die Mail gelesen, die ihr durch unsere Sekretärin erhalten habt. Unser Präsident ist in der Nacht von Donnerstag auf Freitag gestorben. Er ist umgebracht worden. Ich habe Kommissar Kesselring und seinen Assistenten, Herrn Lüthi, gebeten, an diese Besprechung zu kommen und uns mit neuesten Informationen zu versorgen. In einem zweiten Teil werden wir die organisatorischen Massnahmen besprechen, die nun zu treffen sind.

Bevor ich das Wort übergebe, kann ich euch mitteilen, dass die Bestattung von Jürg Neuenschwander am nächsten Donnerstag um zwei Uhr stattfinden wird. Pfarrer Hugentobler wird die Abdankungsfeier leiten, Pfarrer Zehnder wird ebenfalls an der Gestaltung beteiligt sein. Ich bitte alle, wenn möglich dabei zu sein, um Jürg Neuenschwander die gebührende Ehre zu erweisen. Jetzt übergebe ich an Herrn Kommissar Kesselring.»

Während Kesselring sprach, blickte sich Lüthi um. Er sah die Sekretärin und Pfarrer Hugentobler, der ernst vor sich hinblickte. Die meisten der anderen kannte er nicht. Einige Frauen, die er aufgrund ihrer etwas lehrerhaften Ausstrahlung für Katechetinnen hielt. Ein junger Mann, bewusst lässig und jugendlich, dürfte Jugendarbeiter sein. Ein weiterer Mann, mit traurigen Augen, war wohl Sozialarbeiter oder wie immer das hiess in der Kirche. Lüthi war erstaunt darüber, wie viele Leute in dieser Kirchgemeinde angestellt waren.

Hugentobler sass unten am Tisch. Die Stühle links und rechts waren frei; es waren die beiden einzigen unbesetzten Stühle.

«Kennt jemand Ernst Bärtschi?», fragte Kesselring. «Er wurde heute tot aufgefunden. Die Indizien deuten auf einen Suizid.»

Die meisten blickten Kesselring mit aufgerissenen Augen an. Niemand antwortete. Dann schauten sich einige vielsagend an. Schliesslich ergriff Hugentobler das Wort.

«Die meisten von uns wissen, wer Herr Bärtschi war, er wohnte ja ganz in der Nähe. Zudem war er bis vor etwas mehr als drei Jahren im Kirchgemeinderat. Ernst Bärtschi hat viel für unsere Kirchgemeinde getan.»

«Das könnte ein wichtiger Hinweis sein, danke. Im Übrigen muss ich Ihnen der Fairness halber sagen, dass es nicht ganz sicher ist, dass Ernst Bärtschi Suizid begangen hat. Es könnte auch Mord sein. Wir müssen die Möglichkeit in Betracht ziehen, dass sich der Mörder an der Kirche oder deren Vertretern rächen will.»

Lüthi musste ein Lächeln unterdrücken. Das war ein Schuss aus der Hüfte. Kesselring wollte Druck machen. Was ihm gut gelang. Man konnte die Angst im Raum förmlich riechen. Einige waren bleich geworden. Lüthi beobachtete, wie sich Hugentoblers Gesicht leicht rötete. Kesselring fuhr ungerührt fort.

«Ich bitte Sie also, mir unbedingt jeden Hinweis, und sei er auch noch so unbedeutend, weiterzuleiten. Es ist auch in Ihrem Interesse, dass dieser Fall so rasch wie möglich aufgeklärt wird.»

Nach dem Schlag in die Magengrube jetzt der linke Haken, der wieder aufrichtet, wenn auch etwas brutal, dachte

Lüthi. Das müssen sie zuerst verdauen. Mögliches Ziel des nächsten Mordanschlags zu sein. Die Katechetinnen starrten Kesselring an. Der junge lässige Mann wirkte bleich, seine Gesichtsfarbe hatte ins Wächserne gewechselt. Lüthi beobachtete, wie Hugentobler den Mund öffnete, um etwas zu sagen, doch Kesselring schnitt ihm das Wort ab. Absichtlich, so gut kannte ihn Lüthi.

«Ich bitte Sie, Fragen und Hinweise direkt an uns zu richten. Die Telefonnummern wird Ihnen Herr Wegmüller geben. So, und jetzt wollen wir Ihre Zeit nicht weiter in Anspruch nehmen. Auf Wiedersehen.»

Damit stand Kesselring entschlossen auf, obwohl der Vizepräsident ihn fragend und für einen Augenblick auch etwas hilflos anblickte. Die beiden Polizisten verliessen den Raum.

«Hugentobler zählt nicht zu deinen Lieblingen, was?», fragte Lüthi draussen.

«Das war jetzt ein wenig kleinkariert, ich geb's zu. Rache für den Gottesdienst von Sonntag. War's zu hart für einen Pfarrherrn?», fragte er scheinheilig, mit einem breiten Grinsen im Gesicht.

Montag, 13. September 2004, 15.45 Uhr
Zwischen Bern und Muri. Auf einem Spazierweg an der Aare

Der Spaziergang am Ufer der Aare entlang tat ihr gut. Beim Bärengraben marschierte sie los in Richtung Muri. Allein. Wunderbar, dieses Spätsommerwetter. Die Sonne auf dem Laub, der Pfad im Halbschatten. Es war angenehm warm. Kaum andere Leute.

Sie war froh, dass sie sich hatte aussprechen können. Sie hatte es gebraucht. Es war wichtig, dass es jemand wusste. Jemand, der verstand. Es hatte ihr geholfen, mehr Ordnung in ihre Gedanken und Gefühle zu bringen. Ja, sie war unru-

hig geworden über das Wochenende. Die Genugtuung, das Gefühl von Erlösung war von Schuldgefühlen überdeckt worden. Sie musste wieder wissen, wo sie stand. Zum Glück gab es in Tippschigen nicht nur einen Pfarrer.

Sie wäre nicht nochmals zu Hugentobler gegangen. Nicht nach diesem ersten Gespräch. Doch sie kannte niemanden, dem sie sich hätte anvertrauen können, und zu einer Psychologin ging sie nicht. Das war etwas für Spinner. Dann erinnerte sie sich daran, dass sie einmal kurz mit Pfarrer Zehnder gesprochen hatte und ihn damals sehr sympathisch gefunden hatte.

Er hatte ihr aufmerksam zugehört. Keine Ratschläge erteilt, nur zugehört. Er wirkte nicht einmal schockiert, als sie von ihrem Mord an Neuenschwander erzählte. Er erteilte keine Ratschläge, fragte nicht einmal nach. Am Schluss versicherte er ihr, dass er ans Amtsgeheimnis gebunden sei. Dass sie jederzeit wiederkommen könne.

Jetzt, auf dem Spaziergang, kehrte der innere Friede endgültig zurück. Die Sicherheit, das Richtige getan zu haben. Keine Reue, nicht einmal Bedauern.

Das Gespräch mit Pfarrer Hugentobler, vor ein paar Wochen. Als ihr dieses Leben neben einem Mann, der ständig besoffen und meistens arbeitslos war, nicht mehr lebenswert erschien. Und diese Affäre mit Jürg, bei der sie zunehmend unwohl wurde. Sie brauchte jemanden, der ihr einfach zuhörte. Hugentobler schien für sie der Richtige. Ein älterer Pfarrer, vertrauenerweckend.

Sie hatte schnell gemerkt, dass sie am falschen Ort war. Hugentobler nahm ihren Mann in Schutz. Ermahnte sie zur Treue. Gut, was hätte er sonst tun sollen, als Pfarrer? Die Affäre bezeichnete er, verschämt auf den Boden blickend, als «schwierig». Es sei nicht gut, als Frau einen Mann zu verführen. Ihr blieb die Spucke weg. Genau umgekehrt war es gewesen: Er hat sie verführt, und sie war damals erst noch stolz, dass sich ein solcher Mann für sie interessierte. Doch Hugentobler, das spürte sie schnell, schob ihr unterschwellig die Verantwortung zu. Er hörte gar nicht zu, sondern redete auf sie ein. Wollte, dass sie dieses Verhältnis sofort beendete. Dass sie sich wieder ihrem Mann «in Liebe, als unterstützende Ehefrau», wie er sagte, zuwandte.

Am Schluss sprach er ein Gebet. Beim Unservater schwieg sie, obwohl sie wusste, dass Hugentobler wollte, dass sie mitbetete. Und als er mit Nachdruck zur Zeile kam «... und vergib uns unsere Schuld, wie auch wir vergeben unseren Schuldigern», spürte sie nur Abscheu. Sie empfand es als Zumutung, wie er versuchte, sie zu nötigen, sie in einem Gebet zu manipulieren.

Es war ein Fehler gewesen, zu Hugentobler zu gehen, damals. Zehnder war da anders. Sie war froh, dass sie sich entschlossen hatte, jetzt mit ihm zu sprechen.

Montag, 13. September 2004, abends
Bern. Länggassstrasse 52. Zu Hause bei Kommissar Kesselring

Fast bei jedem grösseren Fall war es einmal so weit.

Dann konnte Kommissar Peter Kesselring für eine Nacht, vielleicht auch für ein paar Tage nicht mehr zwischen Privatleben und Arbeit trennen. Er sass auf der Terrasse seines Hauses im Länggassquartier. Die Kinder waren schon lange ausgeflogen, Sonja, seine Frau, lebte schon ein paar Jahre nicht mehr. Eigentlich war das Haus jetzt viel zu gross für ihn, doch er konnte sich nicht davon trennen. Vor dreissig Jahren hatten Sonja und er es kaufen können. Ein Glücksfall war es gewesen, ein älteres Haus schon damals, günstig zu haben. Und weil sie dem Verkäufer, einem älteren Herrn, der im Altersheim lebte, sympathisch waren, ging er mit dem Preis noch ein wenig herunter. Sie hatten hier wunderbare Jahre verbracht. Ein Familienleben, wie man es sich nur wünschen kann. Zwei Söhne, Jan und Andreas, die beide später studiert und jetzt bereits selbst Familie hatten. Fest im Berufsleben standen.

Eigentlich hatte Kesselring, dessen war er sich heute bewusst, fünfundzwanzig Jahre lang im Paradies gelebt, ohne es zu merken. Es war ihm erst bewusst geworden, als Sonja an Leukämie erkrankte und innerhalb von drei Monaten starb. Elf Wochen. Er hatte es bis ganz am Schluss nicht wahrhaben wollen, obwohl Sonja gesagt hatte, sofort nach der Diagnose: «Peter, ich werde sterben. Ich spüre es.»

Kesselring riss sich los von diesem Bild – Sonja, die im Bett lag und ihn anlächelte. Sie hatte bis ganz zuletzt gelächelt. Und dann war sie gestorben, während er ihre Hand gehalten hatte. Er hatte sie am Schluss von der Intensivstation für die letzten Tage nach Hause genommen. Und war nicht mehr von ihrer Seite gewichen.

Kesselring zog den Stoss Akten, den er vom Büro mitgenommen hatte, zu sich und füllte sein Glas nochmals. Bourbon-Whisky. Wild Turkey. In Europa nicht mehr erhältlich. Doch Kesselring hatte seine Beziehungen. Diese Marke sparte er sich für solche Abende auf. Augenblicke, in denen präzises Denken gefordert war. Wie Stacheldraht zum Trinken, aber machte das Gehirn scharf wie eine Rasierklinge. Und, Kesselring war davon überzeugt, mit zwei oder drei Gläsern Whisky konnte der Verstand Assoziationen und Vernetzungen herstellen, die sonst nicht gelangen.

Der Fall fiel auseinander, dies war sein Eindruck. Eigentlich war es auch kein einzelner Fall mehr, sondern drei Fälle. Mindestens. Wobei der Eindruck vorherrschte, es beständen zwischen allen Zusammenhänge. Dies hatten heute Nachmittag bei der Teambesprechung mehrere so formuliert. Kesselring las nochmals alle Berichte durch. Sah sich die Fotos der Spurensicherung an. Sascha hatte eine Liste erstellt mit den Namen aller, die im Zusammenhang mit den beiden Morden und dem Einbruch aufgetaucht waren.

Kesselring lehnte sich zurück und liess seine Gedanken schweifen. Häberli hatte Dreck am Stecken, daran bestand kein Zweifel. Aber dieser Dreck hatte vielleicht nichts mit dem Mord an Neuenschwander zu tun. Oder musste man trotz allem annehmen, dass er seinen Partner umgebracht hatte? Oder einen Killer angeheuert? Kesselring hatte Mühe, das zu glauben. Er machte sich eine Notiz, vielleicht war es sinnvoll, mal die Gemeindepräsidentin Sophie Bütikofer, die er ja kennen gelernt hatte, auf Häberli anzusprechen.

Die Sache mit dem Einbruch war für ihn eindeutig. Häberli hatte ihn inszeniert, um belastendes Material aus dem Weg zu räumen. Er glaubte der Sekretärin, die Reaktion von Häberli liess keinen anderen Schluss zu. Aber es war zum jetzigen Zeitpunkt schwierig, etwas zu beweisen. Abwarten, Kesselring, vielleicht verrät er sich noch.

Die Sekretärin, da war er sich sicher, hatte mit dem Mord an Neuenschwander nichts zu tun. Sie war ein Spielball von Kräften, auf die sie keinen Einfluss hatte und denen sie ausgeliefert war.

Man musste alle Geliebten von Neuenschwander einzeln befragen. Einer jeden auf den Zahn fühlen, herauszufinden versuchen, ob eine von ihnen dermassen verletzt und hasserfüllt war, dass sie ihn umbrachte. Und was war mit seiner Witwe? Sie wirkte tatsächlich beinahe unheimlich kühl. Sascha hatte gemeint, dass er ihr alles zutrauen würde. Andere hatten sich diesem Verdacht angeschlossen.

Kesselring war ein weiterer Gedanke gekommen, als er am Nachmittag vor der Belegschaft der Kirchgemeinde Tippschigen gesessen war. Er hatte dort stark den Eindruck zurückgebundener Aggression gehabt. Hass. Und dieses stetige Bemühen Hugentoblers, Dissonanzen im Keim zu ersticken, Konflikte und jede Form von Emotion sofort abzufangen. Vielleicht suchten sie ja am falschen Ort. Vielleicht hatten auch Angestellte der Kirchgemeinde allen Grund, Neuenschwander unter die Erde zu bringen. Was hatte der Vizepräsident gesagt? Der junge Pfarrer hätte sich wohl die gezielten Demütigungen Neuenschwanders nicht mehr lange bieten lassen? Kesselring suchte den Namen heraus. Andreas Zehnder. Derjenige, der dieser Giftspritzen-Witwe nahe gelegt hatte, ihm, Kesselring, ihre Beobachtungen zu melden. Den Mann musste man genauer unter die Lupe nehmen.

Ein männderdominiertes Milieu, dachte Kesselring. Zwei Pfarrer, der Kirchgemeindepräsident ein Mann, der designierte ebenfalls. Frauen nur in untergeordneten Chargen, Sekretärinnen, Katechetinnen, Organistinnen. Dann erinnerte er sich an die Hierarchie in der Berner Kriminalpolizei. Und wechselte innerlich das Thema.

Wie hing das alles mit Felix Müller zusammen? Warum tauchte der junge Mann nicht auf? Rosa Schaufelbergers Vermutung war, dass er Neuenschwander ermordet und ausgeraubt hatte. Rolf Häberli wollte glauben machen, der Mörder habe in sein Anwaltsbüro eingebrochen.

Der Suizid Bärtschis. Oder war es gar keiner, wie dessen Tochter standhaft behauptete? Aber was war es dann? Ein Mord, getarnt als Suizid? Wie konnte man jemanden zwingen, eine riesige Menge Schlaftabletten mit Schnaps zu schlucken? Indem man ihm eine Waffe vors Gesicht hielt?

Kesselring beschloss, sein Augenmerk in den nächsten Tagen verstärkt auf die Kirchgemeinde zu richten. Befragen möglichst vieler Angestellter und der Kirchgemeinderäte. Sascha konnte ja dann nochmals eine längere Befragung der attraktiven Sekretärin vornehmen. Kesselring grinste, während er einen grossen Schluck nahm. Er teilte ihm auch den jüngeren Pfarrer, Zehnder, zu. Gleich morgen mussten sie mit diesen Befragungen beginnen.

Er füllte sein Glas nochmals. Merkte, dass ihm diese Vorstellung zuwider war. Der ganze Kirchgemeindeladen war ihm unsympathisch. Vielleicht, sagte er zu sich, vielleicht hat mich die Predigt von Sonntag zu negativ geprägt. Ich sollte versuchen, neutraler zu sein, unvoreingenommener.

Dann warf er die ganzen Unterlagen auf den Tisch und lehnte sich zurück. Nahm sein Glas Wild Turkey in die Hand und schaute in die Nacht hinaus. Und dachte an Sonja.

Freitag, 27. September 2003
Schönbühl-Urtenen. Feldeggstrasse 41
In einer Dreizimmerwohnung

Sie waren sich einig. Jetzt war der richtige Augenblick, um die Erpressung zu starten.

Livia bewunderte die Weitsicht, mit der er vorgegangen war. Nicht sofort losschlagen, hatte er gesagt, sondern abwarten. Die beiden Herren in Sicherheit wiegen. Sie sollten ihr Schmiergeld zuerst ein wenig geniessen dürfen, sich im Erfolg sonnen. Etwas über zwei Jahre lang.

Doch nun war es so weit. Er würde die Beweise vorlegen, verdeckt natürlich, brieflich und anonym, und die Forderungen stellen: jeder zehntausend im Monat, ein Jahr lang. Das würde immerhin zweihundertvierzigtausend ergeben. Eine schöne Summe, mit der sie sich eine Zukunft aufbauen konnten.

Was Livia am meisten erstaunte: Sie hatte keinen Augenblick ein schlechtes Gewissen. Warum auch? Die beiden waren miese Abzocker. Sie konnte beim besten Willen nichts Schlechtes darin sehen, sie auszunehmen. Schliesslich schadeten sie dabei niemandem, der sein Geld ehrlich verdiente.

Neuntes Kapitel,

in dem vieles in der Kirchgemeinde Tippschigen deutlicher wird
und trotzdem das meiste unklar bleibt

Dienstag, 14. September 2004, 6.30 Uhr
Bern. Waisenhausplatz 32. Polizeipräsidium
Kommissar Kesselrings Büro

Am nächsten Morgen stand Kesselring sehr früh auf und
machte sich auf den Weg in sein Büro. Er liebte es, die Läng-
gasse entlangzugehen, wenn die Stadt gerade am Erwachen
war. Auch heute machte er den Abstecher über das Univer-
sitätsgelände, schlenderte über den Rasen und genoss die
Vögel, die den Tag einsangen. Vorne an der Brüstung über
dem Bahnhof stand er fünf Minuten und schaute über die
Skyline Berns, wenn man dies so nennen durfte. Die Heilig-
geistkirche gehörte zu seinen Lieblingsgebäuden, er konnte
sie stundenlang anschauen.

Seinen Morgenkaffee nahm Kesselring wie stets, wenn es
zeitlich möglich war, im «Côté Sud» im ersten Stock des
Bahnhofs. Hier las er den «Bund» und die «Neue Berner
Zeitung». Nichts Neues, auch zu seinen Fällen nicht. Be-
langloses Geschreibsel. Kesselring nahm den letzten Schluck
seines Espresso, zahlte und ging durch die Aarbergergasse
zum Waisenhausplatz. Kaum hatte er sein Büro betreten,
startete er seinen Computer. Er wollte sich über die Kirchgemeinde Tippschigen informieren.

Kesselring befolgte den Rat von Daniel Wegmüller und
loggte sich ins Internet ein. Er war nur schon über diesen
Hinweis überrascht gewesen, nie hätte er Kirche mit Internet in Verbindung gebracht. Irgendwelche amerikanische

Sekten vielleicht, aber doch nicht die altehrwürdige Landeskirche.

Er fand eine informative Website der Kantonalkirche. Aus Interesse klickte er das Leitbild an und fand ein mehrseitiges Dokument, das er nur halb verstand. Unter «Auftrag» standen theologische Sätze in einer Sprache, die ihm geradezu atemberaubend antiquiert vorkamen. *Die Reformierten Kirchen Bern-Jura-Solothurn bekennen sich zu Jesus Christus als dem alleinigen Haupt der allgemeinen christlichen Kirche. Sie finden ihn bezeugt in den Schriften des Alten und Neuen Testaments.* Meine Güte, dachte er. *Die Reformierten Kirchen Bern-Jura-Solothurn haben von Jesus Christus den Auftrag, allen Menschen das Evangelium zu verkündigen. Sie bezeugen die Bedeutung des Wortes Gottes.* So geschraubt schreiben ja nicht mal wir.

Erst nach und nach verstand er das komplizierte System, nach dem die Pfarrer angestellt waren. Arbeitgeber war der Kanton Bern, doch gewählt wurden sie von der Kirchgemeindeversammlung. Offensichtlich hatte ein Pfarrer mehrere Vorgesetzte, die jeweils bestimmte Bereiche abdeckten: Regierungs- und Grossrat des Kantons Bern, die Kantonalkirche und den Kirchgemeinderat der örtlichen Gemeinde. Wer wofür zuständig war, fand Kesselring nicht heraus, obwohl er noch auf die Website der Kirchendirektion ging. Was für ein undurchsichtiges System, ging es ihm durch den Kopf. Arme Kerle, diese Pfarrer, mit mehreren Chefs. Oder war es eher ein Vorteil, weil man niemandem wirklich Rechenschaft schuldig war? Konnten sie so die verschiedenen Ebenen leichter gegeneinander ausspielen? Kesselring verglich die Situation kurz mit seiner eigenen. Er beschloss, froh zu sein, zu wissen, wer sein Vorgesetzter und wem gegenüber er verantwortlich war.

Schliesslich fand er die Websites der einzelnen Kirchgemeinden. Er klickte einige an, um sich ein Bild zu machen.

Sie erschienen ihm in der Regel nicht unbedingt originell, aber meist recht informativ. Die meisten hatten auf der Homepage das jeweilige Kirchengebäude abgebildet, auf das man offensichtlich stolz war. Kesselring hatte irgendwie erwartet, die Bibel oder einen religiösen Gegenstand zu finden.

Schliesslich klickte er «Kirchgemeinde Tippschigen» an. Auch hier war die Kirche auf der Homepage gross abgebildet. Unter «Aktuell» war die Nachricht vom Tod Jürg Neuenschwanders prominent vermerkt, mit dem Datum der Beerdigung und der «herzlichen Einladung» dazu. Kesselring fand die persönliche Vorstellung von Jürg Neuenschwander, die man noch unverändert belassen hatte. Das Foto strahlte patronale Grösse aus. Ganz der sichere Führer. Ein ernst dreinblickender, selbstbewusster Mann im mittleren Alter, der auf den Betrachter wirkt. Der Architektur des Fotos ähnlich, wie sich jeweils Werner K. Rey hatte abbilden lassen: Hinter Neuenschwander hohe, edle Wände und ein gediegen wirkendes Bild. Er selbst, mit bewusstem Understatement, unten rechts im Foto, kaum einen Viertel der gesamten Fläche einnehmend.

Neuenschwander hatte seine Ziele als Kirchgemeindepräsident ohne falsche Minderwertigkeitskomplexe zusammengefasst: *Ich denke, dass ich in der Kirchgemeinde Tippschigen durch meine beruflichen Kompetenzen und meine Lebenserfahrung viel bewirken kann. Gerne stelle ich mich zur Verfügung, dieses Schiff der Kirche gemeinsam mit anderen durch die Stürme und Unwetter der Zeit zu steuern.* Dank und Anbetung gebühren dir dafür, schoss es Kesselring durch den Kopf. Er musste grinsen. Schon wieder war ihm ein Satz eingefallen, den er im Konfirmationsunterricht hatte auswendig lernen müssen. Wenn das sein Pfarrer wüsste.

Als letztes ging Kesselring auf die Seiten von Hugentobler und Zehnder. Zehnder informierte sehr knapp und sachlich über seine Aufgabengebiete: Gottesdienste, Beerdigungen,

Hochzeiten, Taufen, kirchliche Unterweisung, Seelsorge. Schwerpunkt: junge Familien, Jugendliche. Er schien es nicht für nötig zu halten, seine Ziele in der Arbeit darzustellen.

Hugentobler hatte unter «Ziele» eine siebenseitige Predigt abgedruckt. Darin erklärte er, dass es die Aufgabe des Christen sei, den Frieden in die Welt zu bringen. Wobei niemand sich dem Irrtum hingeben solle, selbst etwas tun zu können. Vielmehr sei es stets die Güte Gottes, die Gutes in dieser Welt bewirke. *Wir Menschen sind nur Knechte und Hörer des Gottesworts.* Alles andere liege bei Gott.

So ist das, dachte Kesselring.

Es war halb neun, als der Anruf kam. Eine gewisse Katharina Sidroyes – der Name stand so auf dem Zettel, der ihm zugesteckt wurde – verlangte den Leiter der Ermittlungen im Fall Neuenschwander zu sprechen. Kesselring rief zurück. Es handelte sich um eine Kirchgemeinderätin aus Tippschigen. Sie wollte ihn sprechen, sofort, aber nicht am Telefon. Kesselring versprach, in einer halben Stunde bei ihr zu sein.

Vorher ging er mit Lüthi in ein kleines Café nebenan. Sie besprachen kurz den bevorstehenden Tag. Er mochte seinen Assistenten. Irgendwie war er für ihn wie ein Sohn. Und loyal, sie arbeiteten sich gegenseitig in die Hand. Sie vereinbarten, gemeinsam im Restaurant Bären in Tippschigen mittagessen zu gehen, wenn nicht gerade wieder ein Toter aufgefunden würde.

Dienstag, 14. September 2004, kurz nach 9.00 Uhr
Tippschigen, Fouralèsstrasse 4. In der Villa der Sidroyes

Katharina Sidroyes wohnte an der gleichen Strasse wie Neuenschwander. Hier schämte man sich nicht für sein Geld, hier stand man dazu. Sie erklärte ihm unaufgefordert, dass ihr Mann ein angesehener Professor der Medizin und Chefarzt im Berner Inselspital sei. Spezialist in Herzchirurgie, wenn er richtig verstand. Sie erläuterte weiter, dass der Name Sidroyes auf ein altes Hugenotten-Geschlecht zurückgehe, auf das ihr Mann sehr stolz sei. Kesselring hörte interessiert zu. Als sie sich im Garten hingesetzt hatten, unterbrach er ihren Redefluss und bat sie, zur Sache zu kommen.

«Es ist mir peinlich, Herr Kommissar, doch ich muss es Ihnen sagen. Es ist mir aber wichtig, dass Sie begreifen, dass ich auf keinen Fall schlecht über jemanden reden möchte», begann sie.

Bei dieser Ankündigung darf ich jetzt also ein Musterbeispiel an übler Nachrede erwarten, dachte Kesselring bei sich und versicherte der Kirchgemeinderätin, dass er von ihrer moralischen Unbeflecktheit überzeugt sei.

«Also, wissen Sie, die Frau Pfarrer, Elisabeth Hugentobler. Sie hat letzten Mittwoch, nach dem Altersnachmittag, den wir jeweils gemeinsam vorbereiten und durchführen, etwas Schreckliches gesagt. Fürchterlich.» Sie machte eine Pause, um ihre Worte wirken zu lassen.

«Und was hat sie gesagt?», erkundigte sich Kesselring.

«Sie hat gesagt, dass sie Jürg Neuenschwander erschiessen könnte. Genau dieses Wort hat sie verwendet: ‹Eines Tages werde ich den Neuenschwander erschiessen.› Und kurz darauf wurde er tatsächlich erschossen!» Sie blickte ihn aus lauernden Augen an.

Kesselring wartete. Er war sich sicher, dass noch mehr kommen musste.

«Sie hat dann sogar noch gesagt, dass es ja eine ganz einfache Sache sei. Man müsse nur die Pistole nehmen, die er in seinem Schreibtisch liegen habe.» Die Sidroyes erwartete, dass er nachfragte, und er beschloss, für einmal brav zu sein.

«Woher wusste sie, dass Neuenschwander dort eine Pistole hatte?»

Katharina Sidroyes schaute ihn mit vielsagendem Lächeln an. «Da müssen Sie sie schon selbst fragen.»

Kesselring wartete. Nach einer Weile holte sie nochmals aus.

«Wissen Sie, diese Elisabeth Hugentobler ist in unserer Gemeinde ein echtes Problem. Ich sage das nicht gern, aber viele sind meiner Meinung. Pfarrer Hugentobler ist ein so netter und umgänglicher Mensch, aber sie will sich einfach nicht einfügen, wie es sich gehört. Sie passt nicht in ein Pfarrhaus. Ich weiss, wovon ich rede. Ich bin Mitglied der Baukommission. Wir haben von der Kantonalkirche den Auftrag, einmal im Jahr einen Inspektionsgang durch die Pfarrhäuser zu machen. Erstaunlich, was man dabei alles zu sehen bekommt, das kann ich Ihnen sagen. Elisabeth Hugentobler kann froh sein, dass wir so diskret sind.»

Kesselring verspürte leichte Übelkeit. Ein Inspektionsgang, jährlich, mit solchen Leuten – um Gottes willen, dachte er. Unangenehm berührt, führte er reflexartig die Tasse Tee zum Mund, die Frau Sidroyes ihm vorgesetzt hatte. Wahrscheinlich trinkst du aus mehrhundertjährigem China-Porzellan, also pass auf, schoss es ihm durch den Kopf.

«Wir haben überhaupt mit unserem Personal in den letzten Jahren etwas Pech gehabt», brach es aus der Kirchgemeinderätin heraus.

«Sehen Sie, der Vorgänger unseres jungen Pfarrers war ein furchtbarer Mensch. Er hat alles getan, um zu provozieren. Hat die Atmosphäre vergiftet. Er ist dann an einem Herzinfarkt gestorben. Man wünscht das ja niemandem, aber für die Kirchgemeinde war es ein Glück. Andreas Zehnder ist jetzt zwar ein anständiger junger Mann, aber nicht wirklich ein Pfarrer. Die Leute erwarten, dass so einer etwas darstellt, wenn Sie wissen, was ich meine.»

Kesselring verstand. Er meditierte über seiner Teetasse.

«Ich sage Ihnen das jetzt im Vertrauen. Wir müssen davon ausgehen, dass er homosexuell ist. Ich bin nicht die Einzige, die das glaubt.»

Kesselrings Unwohlsein nahm zu. Leider hatte die Frau keine Fernbedienung, er hätte sie sonst sofort ausgeschaltet. Verdammte Dreckschleuder, dachte er bei sich.

«Wie standen Sie zu Jürg Neuenschwander?», fragte er, um dem Gespräch eine Wendung zu geben.

«Jürg war ein wunderbarer Mensch. Er hat es im Leben zu etwas gebracht. Er wohnte ja auch an der Fouralèsstrasse. Die Kirchgemeinde hat er als Präsident eisern im Griff gehabt, das ist bei solchen Angestellten auch nötig. Ich kann es immer noch nicht glauben, dass er nicht mehr unter uns ist.»

Jetzt stach Kesselring der Hafer. Er setzte ein betont harmloses Gesicht auf.

«Wie denken Sie über seine Seitensprünge?»

Katharina Sidroyes verharrte einen Augenblick bewegungslos. Die Farbe war aus ihrem Gesicht gewichen. Sie brachte zuerst kein Wort heraus. Voll Verachtung blickte sie Kesselring an.

«Ich glaube kein Wort davon. Das sind Verleumdungen.»

«Ich habe Beweise, Frau Sidroyes. Herr Neuenschwander hat neben seiner ehelichen Beziehung mehrere andere gepflegt. Auf sexueller Basis. Frauen in allen Altersstufen. Nicht, dass ich das verurteile. Wir leben ja nicht mehr im vorletzten Jahrhundert, als solche Affären noch Anlass für gesellschaftliche Ächtung waren, nicht wahr?», lächelte Kesselring freundlich.

Frau Sidroyes fasste sich langsam wieder. «Jürg Neuenschwander war ein ehrbarer Mensch. Er hat sich für die Gesellschaft eingesetzt, auch für die Kirchgemeinde. Es besteht kein Grund, ihn jetzt zu verunglimpfen und solche Gerüchte über ihn zu streuen.»

«Natürlich nicht, Frau Sidroyes. Sie kennen übrigens wahrscheinlich einige der Frauen, mit denen er ins Bett gestiegen ist. Soll ich Ihnen die Namen nennen?»

Sie blickte ihn mit offenem Mund an. In ihren Augen erkannte Kesselring eine Mischung aus Abscheu und unverhohlener Neugier.

«Ich danke Ihnen für den Tee, Frau Sidroyes. Auf Wiedersehen.»

Dienstag, 14. September 2004, 9.30 Uhr
Bern. An der «Front»

Sascha Lüthi traf sich mit Andreas Zehnder an der «Front», im Zentrum Berns. Zehnder hatte es so gewünscht, er sei immer froh, aus Tippschigen rauszukommen. Die Sonne beschien den Bärenplatz, man konnte draussen sitzen. Ein wunderschöner Herbsttag.

Der Pfarrer, der in seiner Lederjacke überhaupt nicht aussah wie ein Pfarrer, schien genau damit zu kokettieren: dass er eben nicht aussah wie ein Pfarrer. Zehnder bestellte einen Latte Macchiato. «Kennen Sie den? Der neueste Trend aus Zürich. Allerdings vor allem bei Frauen. Dabei sind wir schon bei einem wichtigen Thema. Sie wollen doch einiges über mich erfahren. Wissen Sie bereits, dass ich schwul bin?»

Lüthi war etwas verunsichert. War das ernst gemeint, oder verulkte ihn Zehnder? «Nein, das weiss ich nicht», antwortete er.

«Dann haben Sie noch nicht mit den entscheidenden Leuten in unserer Kirchgemeinde gesprochen. Hugentobler vermutet es, die Kummer weiss es, und die Sidroyes verbreitet es. Der Zehnder ist homosexuell. Fast dreissig Jahre alt, keine Ehefrau, nicht mal eine feste Freundin. Jedenfalls hat man noch nie etwas in dieser Richtung gesehen. Fährt ein schweres Motorrad und läuft in schwarzen Lederjacken umher. So einer muss schwul sein.»

«Und, sind Sie es?»

Zehnder grinste. «Nein. Wobei es mir nichts ausmachen würde. Aber ich bin hetero. Nicht mal bi wie gewisse Jungpolitiker reaktionärer Parteien, ein ganz normaler Hetero.»

Er neigte sich zu Zehnder hinüber.

«Ganz im Vertrauen. Ich bin vergeben. Seit einiger Zeit. Doch das muss ich den Waschweibern von Tippschigen nicht auf die Nase binden, oder?»

«Ich bin auch nicht hier, um Ihr Intimleben auszukundschaften», grinste Lüthi. Er wechselte das Thema. «Wie war Ihre Beziehung zu Jürg Neuenschwander?»

«Schlecht. Sie konnte nicht schlechter sein. Was genau wollen Sie wissen?»

«Zunächst natürlich, ob Sie ihn umgebracht haben. Dann könnten wir die Untersuchungen gleich abschliessen.»

Zehnder lachte auf. «Guter Spruch. Aber ich dachte, es handle sich um einen Raubmord. Kollege Hugentobler verbreitet diese Version mit Hingabe. Hat mich angerufen und mich beschworen, nichts zu tun oder zu sagen, was irgendjemanden beunruhigen könnte. Die Polizei habe gesagt, es sei Raubmord. Oder suchen Sie tatsächlich einen Mörder unter den Angestellten der Kirchgemeinde?»

«Wir sind keineswegs sicher, dass es Raubmord war. Momentan machen wir uns ein Bild über den Ermordeten und sein Umfeld. Seine Beziehungen.»

«Aha. Nein, ich habe Neuenschwander nicht erschossen. Obwohl, möglich wäre es schon. In Gedanken habe ich ihn schon mehrmals um die Ecke gebracht. Aber dann habe ich eher gewürgt, wenn ich mich recht erinnere.»

Zehnder löffelte langsam seinen Latte Macchiato. «Dazu reicht bereits Teil C.»

«Teil C?»

«Teil C, jawohl. Kirchgemeinderatssitzungen waren unter dem Regime Neuenschwanders in drei Teile unterteilt. Teil A: Alle, auch die Angestellten und Pfarrer, sind dabei. Teil B: Die Angestellten müssen gehen. Über sie kann jetzt geredet werden, unter Kirchgemeinderäten und Pfarrern. Teil C: Jetzt müssen auch die Pfarrer gehen. Die Kirchgemeinderäte sind unter sich. For our eyes only.»

Zehnder grinste.

»Zum Glück habe ich ein ausgezeichnetes Verhältnis zur Sekretärin. Sie mailt mir jeweils auch die ach so geheimen Protokolle von Teil C. Obwohl sie das natürlich nicht dürfte. Allein der Inhalt dieser Protokolle würde ausreichen, Neuenschwander gründlich zu hassen. Und ein paar andere dieses wunderbaren Kollegiums gleich mit.»

Zehnder schaute in sein Glas. «Niemand wird es direkt sagen wollen, schon gar nicht jetzt, da er tot ist und wir die Beerdigung vorbereiten. Neuenschwander war vielleicht ein guter Geschäftsmann, aber menschlich ein mieser Typ. Ein machtgeiler Sadist. Einer, der es genoss, wenn andere unter ihm litten. Beispiele gefällig?».

«Gerne, wenn es Ihnen nichts ausmacht.»

«Nehmen wir den Kollegen Hugentobler. Da gibt es ab und zu einen Spinner aus der Gemeinde, der sich über ihn beschwert. Solche Leute schreiben polemische und beleidigende Briefe, direkt an den Präsidenten. Das finden Sie in jeder Kirchgemeinde. Dass Hugentobler zu leise gesprochen habe bei einer Predigt. Dass er bei einer Beerdigung irgendetwas vergessen habe. Dass er das Wort Gottes nicht in genügender Reinheit und christologischer Klarheit verkündige. Dass sein kirchlicher Unterricht nicht befriedigend sei. Solche Dinge. Es sind immer die gleichen Vorwürfe und dieselben Leute, die schreiben. Statt nun Hugentobler in Schutz zu nehmen, wie es jeder einigermassen passable Arbeitgeber tun würde, hat Neuenschwander diese Briefe immer im

Kirchgemeinderat vorgelesen und dann Hugentobler vor allen gefragt, was er zu tun gedenke, dass so etwas nicht mehr passiere. Hugentobler wand sich jeweils wie ein geschlagener Hund.»

«Bei Ihnen hat Neuenschwander das auch gemacht?»

«Nein, Neuenschwander passte seine Erniedrigungswerkzeuge den Menschen an, die er leiden sehen wollte. Er wusste, dass mich so etwas kaum beeindruckt hätte. Im Gegenteil, ich hätte noch einen dummen Spruch gemacht, und das wiederum hätte ihm die Show gestohlen. Bei mir verlangte er, dass ich jeden Rappen, den ich ausgebe, vor dem Rat rechtfertige. Wohlverstanden: Das machte er nur bei mir so. Machte sich dann etwa lustig über gewisse Anschaffungen. Oder verweigerte mir das Visum zur Auslösung der Zahlung. Er schätzte es, eine mündliche Zusage zu erteilen, und dann, wenn die Anschaffung getätigt war, sprach er von einem Missverständnis und gab die Unterschrift doch nicht. Am liebsten aber blockierte er von vornherein die Kredite von Projekten, die ich starten wollte. Die Mehrheit des Rates stimmte ihm jeweils zu, die hatten ja selbst Angst davor, von ihm heruntergemacht zu werden. Oder vielleicht stimmten sie insgeheim ohnehin mit ihm überein.»

«Worin? Ihnen Ihre Projekte abzuwürgen?»

«Ja. Sehen Sie doch hin. Das sind keine selbstbewussten, starken Leute. Die meisten haben ein Welt- und Kirchenbild aus dem neunzehnten Jahrhundert. Selbstgerechte Besserwisser, die der Welt ihre Moral predigen und aufzwingen wollen. Drittklassige Leute, die es nirgends sonst geschafft haben und stolz sind, ein solches Amt zu bekleiden. Die haben innerlich applaudiert, wenn der Präsident aus formalen Gründen einen meiner Kredite abgeschmettert hat.» Zehnder grinste zynisch. «Ein Sauhaufen, wenn Sie mich fragen. Ihnen darf ich das sagen. Sie unterstehen ja der Schweigepflicht, nehme ich an.»

Lüthi ging darauf nicht ein.

«Zurück zu Neuenschwander. Sie beschreiben keinen netten Menschen.»

«Als ich in diese Kirchgemeinde gewählt wurde, hat mich Neuenschwander am ersten Arbeitstag zu sich bestellt. Dort hat er mir ohne Umschweife erklärt, dass ich in seinen Augen kein ernst zu nehmender Kandidat gewesen sei, dass jedoch nur wenige Bewerbungen vorgelegen hätten. Meine Predigten, von denen er zwei gehört habe, seien katastrophal. Meine Wahl zum Pfarrer sei aus der Not der Stunde heraus erfolgt. Er werde persönlich dafür sorgen, dass ich mich in Tippschigen nie wirklich wohl fühlen würde. Er hoffe, dass ich in etwa drei bis vier Jahren eine andere Stelle suchen würde. Sie verstehen», schloss Zehnder, «dass meine Empfindungen für Jürg Neuenschwander eher gedämpft waren.»

«Haben Sie einen Verdacht, wer ihn umgebracht haben könnte?»

«Ich glaube nicht, dass es jemand von den Angestellten der Kirchgemeinde war, obwohl natürlich fast alle Grund hatten, ihn zu hassen. Ich kenne niemanden, der Neuenschwander gemocht hat. Aber das sind nicht Leute der Tat. Das sind Aussitzer. Abwarter. Teetrinker. Das-geht-vorüber-Typen. Im Team nörgeln, in der Kaffeepause andere schlecht machen, ja. Sich täglich über Neuenschwander aufregen, ja. Aber mehr nicht. Die würden nicht eine Pistole nehmen und jemanden über den Haufen knallen, der ihnen im Weg steht.»

«Und sonst?»

«Ich glaube nicht, dass ich Ihnen weiterhelfen kann. Fragen Sie Hugentobler, der ist seit vielen Jahren hier Pfarrer. Der kennt die Leute. Nehmen Sie auch noch einen Latte Macchiato?»

Dienstag, 14. September 2004, 10.05 Uhr
Tippschigen. Pfarrhaus. In Pfarrer Hugentoblers Büro

Pfarrer Hugentobler sass in seinem Büro.

Er ärgerte sich über das Vorgehen der Polizei. Dieser Kommissar und sein Assistent schnüffelten überall in der Kirchgemeinde herum und säten Unruhe. Wühlmäuse. Kein Fingerspitzengefühl, kein Respekt vor der Situation, nichts. Trauerarbeit wäre jetzt angesagt, die Angestellten und die Kirchgemeinderäte müssten diesen Einbruch des Bösen verkraften können. Hugentobler hatte sich schon überlegt, ob er eine Feier organisieren solle. Mit einem Ritual, durch das man sich von allem, was einen bedrückte, entlasten könnte. Vom Schock, von der Trauer. Und von der Schuld. Hugentobler wusste, dass sich viele durch üble Nachrede Neuenschwander gegenüber schuldig gemacht hatten. Und niemand half ihnen, damit fertig zu werden.

Und er, er stand alleine da mit der seelsorgerlichen Verantwortung für seine Gemeinde. Hugentobler seufzte. Kollege Zehnder grinste nur vor sich hin. Wahrscheinlich freute sich der noch über die Angst, die der Mord an Neuenschwander bei vielen ausgelöst hatte. Der hatte keine Ahnung, was es bedeutete, wenn jemand ermordet wurde. Es war ein Alptraum. Das hörte nie mehr auf. Wie diese Schreie damals. Mitten in der Nacht. Und er als junger Dozent an der theologischen Fakultät von Lagos. Allein über seine Studien gebeugt, in dem kleinen Bungalow auf dem Campus mitten im Dschungel. Ohne Telefon, das Hauptgebäude weit entfernt in der Dunkelheit. Panisch klang es. War das eine menschliche Stimme? Oder doch nicht? War es doch nur ein wildes Tier? Und er schlüge Alarm wegen eines Tieres, ein naiver, überspannter Europäer. Sicher war alles nur ein Hirngespinst, Resultat seiner überreizten Nerven. Doch wo war eigentlich Karen, die junge norwegische Professorin aus dem Nachbar-Bungalow? Müsste er vielleicht nachschauen? Doch dafür hatte er schon viel zu lange gewartet. Was sollte er tun? Was um Himmels willen sollte er nur tun?

Es waren Karens Schreie gewesen, das stellte sich am andern Tag heraus. Man fand sie tot nur einige hundert Meter vom Bungalow entfernt. Ermordet. Und er, Hugentobler, hatte nicht den Mut gehabt, dazu zu stehen, dass er diese Schreie gehört hatte und der Mord vielleicht zu verhindern gewesen wäre.

Das furchtbare Geheimnis hatte er niemandem anvertraut. Aber seit diesem Tag wartete er darauf, Sühne leisten zu können. Wiedergutmachung. Und jetzt die ganze Geschichte um den Mord an Neuenschwander. Sie verunsicherte ihn. Vor allem deshalb, weil er schon wieder gegen seinen Willen in eine Sache hineingezogen wurde, mit der er am liebsten nichts zu tun gehabt hätte. Die ganze Angelegenheit war wie ein Strudel, dem er nicht entrinnen konnte.

Eigentlich schmeichelte es ihm sonst, wenn Menschen sich ihm anvertrauten. Vor allem dann, wenn es sich um gewichtige Dinge handelte. Doch diese Frau, die ihm ihre Liebschaft mit Neuenschwander gestanden hatte, beunruhigte ihn. Sie war sehr emotional gewesen, hatte einen möglichen Suizid angetönt, aber auch, dass sie dem Präsidenten etwas antun könnte. Etwas wirr war sie gewesen.

Je mehr sich die Untersuchungen in die Länge zogen, desto drückender lasteten die Zweifel auf ihm. Sollte er der Polizei vom Gespräch mit der Frau berichten? Aber Kesselring würde alles überinterpretieren, da war sich Hugentobler sicher. Er würde einen Riesenlärm veranstalten und vorschnelle Schlüsse ziehen. Würde nicht mit sich reden lassen. Würde womöglich auch ihn, Hugentobler, selbst noch tiefer mit hineinziehen. Wer weiss, was man ihm alles unterstellen würde. Hugentobler kannte sich rechtlich nicht aus. Womöglich würde es ihm angelastet, dass er bis jetzt nichts gesagt hatte.

Es war besser zu schweigen. Diesen Schluss zog Hugentobler zum hundertsten Mal. Er tat nichts Unrechtes damit. Er unterstand schliesslich der Schweigepflicht.

Als er Kesselring sah, der zielstrebig auf sein Haus zusteuerte, erstarrte er. Hatte der Kommissar Verdacht geschöpft? Vermutete er etwas? Es klingelte. Hugentobler blieb sitzen. Soll Elisabeth öffnen. Ich bin beschäftigt.

Dienstag, 14. September 2004, 10.10 Uhr

Tippschigen. Pfarrhaus

Im Wohnzimmer der Pfarrehepaars Hugentobler

Zur Überraschung Kesselrings öffnete weder Pfarrer Hugentobler noch seine Frau die Tür, sondern ein junger Mann. Knapp dreissig, gross, schlank, blond. Er musterte Kesselring forschend.

«Ich bin am Gehen. Mein Name ist Manuel Hugentobler, ich bin der Sohn.» Der junge Mann streckte ihm die Hand entgegen. «Kommen Sie herein.»

Kesselring stellte sich knapp vor.

Manuel wandte sich zu seiner Mutter um, die hinter ihm stand, und gab ihr einen flüchtigen Kuss auf die Wange.

«Also, tschüss, Mom, bis Sonntag. Auf Wiedersehen, Herr Kommissar.»

Als sich die Tür geschlossen hatte, gab die Pfarrfrau Kommissar Kesselring die Hand.

«Manuel kommt alle paar Tage nach Hause. Er ist momentan erwerbslos, obwohl er studiert hat.»

«Was hat er studiert?», fragte Kesselring.

«Wirtschaft und Politikwissenschaften. In Bern. Wir waren sehr froh, als er vor drei Jahren abschliessen konnte, denn wir mussten für alles aufkommen. Doch er hat bis heute keine feste Anstellung gefunden.»

Nach einer kurzen Pause fragte Kesselring: «Darf ich Sie einen Moment allein sprechen?»

Elisabeth Hugentobler war überrascht. Sie hatte sich bereits halb abgewandt, um ihren Mann zu holen.

Im Wohnzimmer kam Kesselring sofort zur Sache. «Frau Hugentobler, ich war zuvor bei Frau Sidroyes. Sie sollen sich wenige Tage vor dem Mord an Neuenschwander verdächtig geäussert haben. Sie sollen gesagt haben, dass Sie ihn erschiessen könnten. Mit seiner eigenen Pistole.»

Elisabeth Hugentobler spürte, wie sie bleich wurde. In ihrem Gesicht arbeitete es. Eine unbändige Wut stieg in ihr hoch. Zuerst über die Sidroyes. Dann über Neuenschwander. Über ihren Mann. Und über sich selbst.

«Möchten Sie einen Kaffee, Herr Kesselring?»

«Wenn Ihnen die Zubereitung hilft, Ihre Fassung zurückzugewinnen, gerne», antwortete Kesselring.

Sie spürte, dass der Kommissar bewusst den Druck auf sie verstärkte. Er würde sich nicht mit Ausweichmanövern zufrieden geben. Um etwas Zeit zu gewinnen, hantierte sie umständlich in der Küche herum. Noch nie hatte sie so lange gebraucht, um zwei Tassen Kaffee zu fabrizieren. Als sie das Wohnzimmer wieder betrat, hatte sie beschlossen, alles zu sagen.

«Ich habe Neuenschwander nicht umgebracht. Was ich da letzten Mittwoch gesagt habe, war ungeschickt. Aus Ärger. Am Morgen hatte die Garteninspektion stattgefunden.»

«Garteninspektion?», fragte Kesselring.

«Vor etwa drei Jahren hat sich ein Mitglied der Kirchgemeinde darüber beschwert, dass unser Garten ungenügend gepflegt sei. Das sei keine Visitenkarte für die Kirche. Mein Mann und Neuenschwander haben daraufhin ein langes Gespräch geführt. Ich wurde nicht eingeladen, obwohl es um mich ging, denn ich mache ja diese ganze Arbeit. Das Resultat war, dass der Kirchgemeinderat an seiner nächsten

Sitzung den Beschluss fasste, vierteljährlich Kontrollgänge durch unseren Garten vorzunehmen. Zu unserem Schutz, wie Neuenschwander süffisant anmerkte. Damit der Kirchgemeinderat solche Angriffe aus der Kirchgemeinde kompetent beantworten und abwehren könne. Seither kommen alle drei Monate zwei Leute aus dem Kirchgemeinderat und kontrollieren den Garten. Neuenschwander hat es sich nie nehmen lassen, Teil dieser Delegation zu sein. Es gibt jeweils ein Protokoll. Immer haben sie etwas auszusetzen. Neuenschwander hat die Verbesserungswünsche jeweils meinem Mann übergeben. Schriftlich.»

Elisabeth Hugentobler schwieg einen Augenblick.

«Können Sie sich vorstellen, wie demütigend das ist? Leute, von denen Sie wissen, dass sie Sie nicht mögen und die jede Gelegenheit nutzen, Ihnen eins auszuwischen, in Ihrem Garten herumtrampeln zu sehen? Letzten Mittwochmorgen war es wieder so weit. Neuenschwander schritt, mit einem Schreibblock in der Hand, durch den Garten. Machte Notizen. Ich habe ihn und einen weiteren Kirchgemeinderat durchs Fenster beobachtet. Nachmittags habe ich dann die Bemerkung gegenüber der Sidroyes gemacht. Das war dumm, ich weiss.»

Kesselring schwieg. Er war immer noch sprachlos. Jährliche Inspektionsgänge durchs Pfarrhaus, vierteljährliche Inspektionen im Garten.

«Ich weiss, was Sie denken», sagte Elisabeth Hugentobler. «Warum lässt man sich so etwas gefallen?» Sie blickte ihm in die Augen. «Mein Mann scheut jede Konfrontation. Er ist unfähig, Konflikte auszutragen. Er nimmt lieber Demütigungen auf sich, als einen Streit in Kauf zu nehmen. Er schweigt.»

«Frau Hugentobler, woher wussten Sie, wo Herr Neuenschwander seine Pistole versteckt hatte?»

«Das wussten doch alle! Alle, die die Ehre hatten, bei ihm zum Essen eingeladen zu werden. Nach dem Dessert und dem dritten Cognac hat er dann mit seinen militärischen Heldentaten zu prahlen begonnen. Was für ein toller Hengst er doch sei. Wie er als Major seine Untergebenen drangsaliere. Dann stand er auf, holte seine Dienstpistole und Munition und verkündete, er sei jederzeit bereit, auf einen Dieb zu schiessen, wenn er ihn überrasche. Er hat sich sogar nicht entblödet, wie im Schiessstand auf einen fiktiven Einbrecher zu zielen, mitten im Wohnzimmer. Lächerlich.»

«Dann war es allgemein bekannt, wo er seine Pistole versteckt hielt?»

«Das sagte ich doch schon. Man hat sich darüber lustig gemacht. ‹Jürg the Bond› hat man ihn hinter vorgehaltener Hand genannt. Oder ‹Neuenschwander der Rächer›.»

Dienstag, 14. September 2004, 11.25 Uhr
Tippschigen. Stappelisacker 73. Eine Vierzimmerwohnung

Sie musste den Zeitungsartikel zweimal lesen. Ein pensionierter Lehrer war tot aufgefunden worden. Es sehe aus wie Suizid. Doch möglicherweise stehe sein Tod im Zusammenhang mit dem Mord an Jürg Neuenschwander.

Warum schrieben die so etwas? Um sie aus der Reserve zu locken? Um ihr das gute Gefühl wegzunehmen, das sie seit einigen Tagen erfüllte? Das Ganze war eine Lüge.

Sie hatte gehandelt. Das war richtig gewesen, nötig. Aber der Tod dieses Alten war doch etwas völlig anderes.

Jemand hatte die beiden Vorfälle miteinander verknüpft, und jetzt glaubte alle Welt, dass es so war. Was sollte sie nur tun? Sie musste etwas unternehmen.

Dienstag, 14. September 2004, 15.30 Uhr
Bern. Waisenhausplatz 32. Polizeipräsidium
Kommissar Kesselrings Büro

Sascha Lüthi sass seit zwei Stunden bei Bruno Hänggi. Den Sachbearbeiter hatten sie eingesetzt, um in einem Aufwasch die finanzielle Situation des Mordopfers Jürg Neuenschwander und des mutmasslichen Suizidanten Ernst Bärtschi zu analysieren.

Es dauerte immer eine Weile, bis die Banken Einsicht in laufende Konti gewährten. Doch darauf hatten sie dieses Mal nicht warten müssen. Sowohl Neuenschwander wie auch Bärtschi hatten sauber Buch geführt über ihre Transaktionen. Hänggi hatte die Unterlagen ausgewertet und wies auf zwei Unklarheiten hin. Sowohl Neuenschwander wie auch Bärtschi hatten vor etwas mehr als drei Jahren eine grössere Summe erhalten, je etwa dreihunderttausend. Woher, blieb im Dunkeln. Beide hatten die Summe, so viel war bereits klar, am Fiskus vorbeigeschleust. Und dann waren diese regelmässigen Abbuchungen. Bei beiden, immer um den Fünfzehnten des Monats. Zehntausend Franken, offensichtlich in bar abgehoben, seit Oktober 2003. Das letzte Mal im August.

Lüthi informierte sofort Kesselring.

«Interessant», meinte der Kommissar. «Wonach sieht das aus, Sascha?»

«Zuerst ein unsauberes Geschäft und dann Erpressung, wenn du mich fragst. Sie mussten zahlen, immer wieder, beide.»

«Vielleicht haben die beiden zusammen ein Ding gedreht? Möglich wäre es jedenfalls, sie kannten sich ja.»

«Aber warum sterben dann beide? Man hätte sie doch besser weiter gemolken?»

«Vielleicht ist etwas Aussergewöhnliches geschehen, und der Erpresser ist durchgedreht?»

«Und vielleicht hat es gar nichts miteinander zu tun. Alles Zufall. Wer weiss.»

«Glaubst du das, Peter?»

Kesselring dachte einen Augenblick nach.

«Nein.»

Dienstag, 14. September 2004, 21.30 Uhr
Tippschigen. Stappelisacker 73. Eine Vierzimmerwohnung

Sie war ganz ruhig geblieben, als sie die beiden Polizeibeamten sah. Sie hatte schon die ganze Zeit damit gerechnet. Hatte freundlich die Tür geöffnet und sie hereingebeten. Zum Glück war Roland noch immer nicht zu Hause, wahrscheinlich war er am Saufen. Das hätte zu Problemen geführt.

Sie hatte zugegeben, eine Affäre mit Jürg Neuenschwander gehabt zu haben. Gesagt, dass sie traurig und schockiert über seinen gewaltsamen Tod sei. Ja, sie habe vor ein paar Tagen die Kündigung der Witwe bekommen. Ja, deswegen. Dass sie es bedaure, Frau Neuenschwander hintergangen zu haben, aber sie sei einfach sehr verliebt gewesen. Hier schaffte sie es sogar, ein wenig zu weinen.

Nein, sonst wusste sie nichts. Nein, sie konnte sich nicht vorstellen, dass jemand Jürg Neuenschwander so etwas hätte antun können. Und nein, Ernst Bärtschi habe sie nicht gekannt.

Die Beamten waren freundlich gewesen. Sie hatten sich zum Abschied sogar noch entschuldigt für die Unannehmlichkeiten. Sie freute sich darüber, dass die Polizei im Dunkeln tappte. Doch sie spürte auch, dass ihr alles langsam zu viel wurde.

Zehntes Kapitel,

in dem ein Einbrecher in die Falle tappt
und Kommissar Kesselring die Bibel zitiert

Mittwoch, 15. September 2004, 2.10 Uhr morgens
Bern. Marktgasse. Uhrengeschäft Steinegger

Es war kein Problem gewesen, in das Uhrengeschäft einzubrechen. Er war in den Wochen zuvor ein paar Mal drin gewesen und hatte sich zum Schein beraten lassen. Dabei hatte er darauf geachtet, dass jedes Mal eine andere Verkäuferin da war und niemand Verdacht schöpfen konnte. Er war sicher, dass sich ein Einbruch lohnen würde. Nicht die oberste Preisklasse, dafür würden die Uhren leichter abzusetzen sein. Er hatte da schon seine Erfahrungen gemacht. Uhren von Patek Philippe oder Rolex wurde man schwer los. Zu auffällig, auch für die Hehler, mit denen er zusammenarbeitete. Bei seinen Besuchen hatte er sich davon überzeugt, dass die Sicherheitsmassnahmen kein Problem sein würden. Alles völlig veraltet.

Gestern Abend hatte er kurz vor Ladenschluss rasch mit einer kleinen Zange das Kabel durchtrennt, das den Alarm auslöste. Danach hatte er sich in der Nähe des Ladens aufgehalten, um festzustellen, ob jemand etwas bemerkte. Doch wie jeden Abend kamen nach den letzten Kunden zuerst die Verkäuferinnen, dann der Ladenbesitzer heraus, der abschloss.

Morgens um zwei war er gekommen, hatte mit einem Dietrich die Tür geöffnet, war rasch hineingeschlüpft und hatte die Tür geschlossen. Davor hatte er sich etwa zwanzig Minuten in der Nähe versteckt gehabt, um sicherzugehen. Doch die Strasse war völlig ausgestorben. Jetzt hatte er Zeit auszusuchen, was er mitnehmen wollte. Sorgfältig nahm er die verschiedenen Uhren unter die Lupe. Er konnte nicht alles brauchen, wollte aber keine Entscheidungen treffen, die er später vielleicht bereuen würde. Als er gerade mit Einpacken beginnen wollte, hörte er hinter sich ein Geräusch. Bevor er sich umdrehen konnte, packten ihn zwei kräftige Hände, und kurz darauf schlossen sich die Handschellen um seine Handgelenke.

Mittwoch, 15. September 2004, 7.10 Uhr morgens
Bern. Waisenhausplatz 32. In Kommissar Kesselrings Büro

Als Kesselring am frühen Mittwochmorgen ins Büro trat, folgte ihm Sascha Lüthi. «Sie haben diese Nacht in der Marktgasse einen Einbrecher festgenommen. Wir haben Glück: Die Fingerabdrücke stimmen mit jenen überein, die im Büro Neuenschwanders gefunden wurden.»

«Wie haben sie den Mann gefasst?», fragte Kesselring.

«Ein Privatdetektiv, der sporadisch als Kunde getarnt im betreffenden Uhrengeschäft auftaucht, hat ihn gestern Abend beobachtet, wie er die Alarmanlage ausser Betrieb gesetzt hat. Der Detektiv hat sofort und richtig reagiert und unverzüglich die Polizei alarmiert, weil er davon ausging, dass ein Einbruch in der Nacht zu erwarten sei. Er hat Recht behalten.»

«Weiss der Mann, dass wir seine Fingerabdrücke in Neuenschwanders Büro gefunden haben?»

«Nein, ich fand, das solltest du ihm sagen. Er heisst Sven Vollenweider.»

Kesselring liess den jungen Mann in sein Büro holen. Kesselring schätzte ihn auf etwa fünfundzwanzig. Mittelgross, Jeans, Turnschuhe, Lederjacke. Kurzhaarschnitt. Vollenweider hatte den wachsamen, verschlagenen Blick eines werdenden Gewohnheitsverbrechers. Trotzig setzte er sich auf den unbequemen Besucherstuhl.

«Zuallererst: Unser Gespräch wird auf Band aufgenommen», begann Kesselring. «Und dann: Ich will ehrlich sein zu Ihnen, es sieht nicht gut aus für Sie.»

«Wegen des Einbruchs können Sie mir nicht viel anhängen. Ein paar Monate bedingt vielleicht.»

«Ich bin mir da nicht so sicher.» Kesselring liess ein paar Sekunden verstreichen, bevor er weitersprach. Dann beugte er sich leicht vor und blickte seinem Gegenüber direkt in die Augen.

«Wo ist der Ordner?»

In Vollenweiders Augen blitzte es kurz auf. «Welcher Ordner? Wovon sprechen Sie überhaupt?»

«Hören Sie auf zu lügen, Herr Vollenweider. Wir haben Ihre Fingerabdrücke. Der Einbruch ins Notariatsbüro Neuenschwander & Häberli in Tippschigen. Das waren Sie, daran besteht überhaupt kein Zweifel.»

Vollenweider starrte lange vor sich hin. Dachte nach. «Ich sage kein Wort mehr. Ich will mit einem Anwalt sprechen.»

«Das ist noch nicht alles, Herr Vollenweider. Wegen der zeitlichen Nähe zu den Mordfällen in Tippschigen stehen Sie unter dringendem Mordverdacht.» Das war natürlich stark übertrieben, doch Kesselring hatte beschlossen, es einfach mal zu versuchen.

«Mordfälle? Welche Mordfälle? Was wollen Sie damit sagen?»

«Stellen Sie sich nicht dumm. Der Anwalt Jürg Neuenschwander wurde in der Nacht von Donnerstag auf Freitag erschossen. Ein paar Tage zuvor starb Ernst Bärtschi.» Kesselring machte nochmals eine Pause.

«Der Einbruch ins Notariatsbüro geschah in der Nacht vom Sonntag auf Montag. Das ist schwerlich Zufall.»

«Das ist doch alles Quatsch. Ich habe mit den Toten nichts zu tun», stiess Vollenweider hervor. «Und ich will jetzt einen Anwalt sprechen. Sofort.»

«Wie viel hat Ihnen Häberli für den Einbruch bezahlt?» Nach ein paar Sekunden setzte Kesselring hinzu: «Wenn Sie mit uns zusammenarbeiten, haben Sie gute Chancen auf ein milderes Urteil.»

Vollenweider kämpfte mit sich, Kesselring sah es ihm an. Und wartete.

«Ich habe ihm versprechen müssen, die Klappe zu halten, egal was passiert.»

«Das ist jetzt gleichgültig, Herr Vollenweider. Sie sollten nicht an Häberli, sondern an sich selbst denken. Und sonst an gar nichts.»

«Fünftausend. Er hat mir fünftausend Franken geben. Zweitausend vorher und dreitausend nachher.» Vollenweider blickte auf. «Ich habe mein Glück nicht fassen können, verstehen Sie? Fünftausend für einen völlig gefahrlosen Einbruch, bar auf die Hand. Das habe ich noch nie erlebt. Dazu kam noch das Bargeld im Safe.»

«Und der Ordner?», insistierte Kesselring.

«Den musste ich Häberli geben. Wir haben uns am Montagnachmittag hier in der Stadt getroffen. In der Bar vom «Schweizerhof». Ich habe ihm den Ordner gegeben, er hat mir ein Couvert mit den dreitausend Franken zugesteckt. Fertig.»

«Und die Kopien?», fragte Kesselring freundlich.

«Kopien?» Vollenweider blickte ihn an, scheinbar verständnislos.

Kesselring lehnte sich entspannt in seinem Sessel zurück. Spielte mit seinem Kugelschreiber, als würde er über etwas nachdenken. Seufzte leise. «Schade», sagte er dann.

«Schade was?»

Kesselring spielte immer noch mit dem Kugelschreiber. «Ich dachte schon, Sie seien vernünftig geworden. Seien daran interessiert, Ihre Chancen zu wahren. Und jetzt wollen Sie mich schon wieder verarschen.»

Vollenweider schaute wieder angestrengt auf den Fussboden. Kesselring wartete. Er hatte Zeit. Mehr als Vollenweider.

«Okay, ich habe alles kopiert. Der Ordner war Häberli so wichtig. Alles andere war ihm egal. Was ich sonst noch mitlaufen liess. Wie viel ich dort kaputtmachte. Nur der Ordner zählte. Mir war sofort klar, dass da brisantes Material drin sein musste.»

«Sie wollten Häberli damit erpressen, nicht wahr?», fragte Kesselring.

Vollenweider sagte nichts. Nach einer Weile nickte er. «Ich hätte ein paar Wochen gewartet, bis die ganze Aufregung verflogen gewesen wäre.»

«Wo haben Sie die Kopien versteckt?»

«Das sage ich Ihnen erst, wenn Sie mir Strafmilderung versprechen!»

Kesselring blickte ihn an. Er war müde. «Ich glaube nicht, dass Sie in der Position sind, Bedingungen zu stellen. Sagen Sie mir, wo die Kopien sind. Dann werden wir sehen, was wir für Sie tun können. Straffrei kommen Sie nicht davon. Zwei Einbrüche, eine gestandene Erpressungsabsicht. Das wiegt schwer.»

Mittwoch, 15. September 2004, 14.00 Uhr
Bern. Waisenhausplatz 32. Kriminalpolizei Bern. Sitzungszimmer

Häberli erschien mit seinem Anwalt, der als Dr. Heinz Wieland vorgestellt wurde.

Kesselring fiel auf, dass beide das Signet der Lions am Revers trugen. Old Boy's Network, dachte er. Zusammen studiert, in der gleichen Studentenvereinigung, der gleichen

Partei, im gleichen Ansteckknopf-Haufen. Damit man sich in Notlagen gegenseitig helfen kann. Kameraden eben.

«Mein Mandant hat mich bereits informiert, dass Sie mit ihm bei den ersten Befragungen ungebührlich umgegangen sind», begann der Anwalt. «Wir prüfen noch, ob wir Strafanzeige gegen Sie einreichen werden.»

«Tun Sie das», antwortete Kesselring und liess dabei offen, ob er die Prüfung oder die Strafanzeige meinte. «Kommen wir zur Sache.» Er hatte Sascha Lüthi gebeten, dabei zu sein.

«Sie haben meinen Mandanten hierher zu einer Befragung bestellt. Sie haben ihm gegenüber angetönt, dass zusätzliche Verdachtsmomente gegen ihn vorlägen. Wir sind gespannt.»

«Wir auch, Herr Wieland. Herr Häberli, wir haben diese Nacht in der Stadt Bern einen Einbrecher auf frischer Tat ertappt. Es zeigte sich, dass seine Fingerabdrücke mit denjenigen identisch sind, die wir im Büro Ihres ermordeten Partners gefunden haben.»

Häberli blickte ihn an, sagte aber nichts. Offensichtlich hatte er sich mit seinem Anwalt abgesprochen, dass er möglichst wenig sagen sollte.

«Das ist ja grossartig. Dann haben Sie also den Einbrecher», bemerkte Wieland mit gewinnendem Lächeln. «Gratuliere.»

«Der Mann hat bereits gestanden. Allerdings hat er Sie, Herr Häberli, dahingehend belastet, dass Sie ihn zum Einbruch angestiftet haben sollen», sprach Kesselring weiter, in seinem schönsten Beamtendeutsch.

«Und Sie glauben ihm?», fragte Wieland.

«Sie sollen dem Täter den Auftrag erteilt haben, in Ihr Büro einzubrechen. Dazu haben Sie ihm Ihren eigenen Schlüssel gegeben. Der Mann sollte einen Ordner aus dem Safe Neuenschwanders mitnehmen, der belastendes Material gegen Sie enthielt. Material, das Ihr Partner Neuenschwander gesammelt hat. Um Sie unter Druck zu setzen. Stimmt das?»

«Nein, kein Wort davon ist wahr», meldete sich Häberli erstmals selbst zu Wort.

«Sie sollen sich dann mit dem Täter vorgestern hier in Bern getroffen haben. Er hat Ihnen den Ordner übergeben, Sie haben ihm dabei den zweiten Teil des vereinbarten Honorars gezahlt. Insgesamt, so behauptet der Mann, hätten Sie ihm für seine Dienste fünftausend Franken übergeben. In bar.»

«Und Sie glauben diesem kleinen Ganoven? Der will doch nur seinen Hals aus der Schlinge ziehen! Diese Typen erzählen doch irgendwelche Geschichten», bemerkte der Anwalt in jovialem Ton.

«Herr Häberli, ich frage Sie jetzt nochmals: Stimmt das?» Kesselring lächelte freundlich.

«Nein. Es stimmt nicht.»

Kesselring behielt sein Lächeln bei. Nach einer Weile sagte er zu Lüthi: «Teil zwei, Sascha. Hol die Kopien.»

Lüthi stand auf und ging aus dem Zimmer. Häberli und Wieland sahen sich an. Kesselring nestelte gedankenverloren an seinem Manschettenknopf herum. «Herr Lüthi kommt sofort, bitte gedulden Sie sich einen Augenblick.»

Als Lüthi mit den Kopien zurückkam, herrschte angespannte Stille. Niemand sagte ein Wort. Kesselring nahm den Stoss Papiere umständlich zur Hand, blätterte nachdenklich darin.

«Vollenweider hat Sie betrogen, Häberli. Er hat Beute gerochen. Gemerkt, dass dieses Material wertvoll sein könnte. Er hat den ganzen Ordner kopiert, bevor er ihn zurückgegeben hat. Er hatte vor, Sie später damit zu erpressen.»

Kesselring schwieg. Jetzt kam Lüthis Part.

«Wir haben das Material bereits unseren Experten von der Wirtschaftskriminalität gezeigt. Sie haben grosses Interesse bekundet. Scheint eine grössere Sache zu sein. Möchten Sie sich dazu äussern?»

Häberli presste seine Lippen zusammen. Er sagte nichts.

«Herr Häberli, gegen Sie liegt einiges vor», fuhr Lüthi fort. «Mehrere Wirtschaftsdelikte, in diesem Ordner dokumentiert, von Ihrem Partner Neuenschwander fein säuberlich gesammelt. Sie haben Herrn Vollenweider zu einem Einbruch angestiftet und ihn dafür bezahlt. Und schliesslich haben Sie uns vorhin belogen. Dazu kommt jetzt der dringende Verdacht, dass Sie Ihren Partner Neuenschwander umgebracht haben.»

«Nein», stiess Häberli hervor, «mit dem Mord habe ich nichts zu tun!»

«Und das sollen wir Ihnen glauben? Nachdem Sie uns bisher in jedem relevanten Punkt angelogen haben?» Kesselring wurde laut. «Kein Wort glauben wir Ihnen. Ich sage Ihnen, was geschehen ist. Neuenschwander hat Sie über längere Zeit mit dem Material unter Druck gesetzt, das er gesammelt hat. Sie mussten sich Stück für Stück aus Ihrem eigenen Geschäft zurückziehen. Letzte Woche hat Neuenschwander Sie ultimativ dazu aufgefordert, ihm die letzten Anteile für einen Spottpreis zu verkaufen und endgültig zu verschwinden. Sie sind ausgerastet, haben Neuenschwander erschossen und danach den Einbruch inszeniert, um alle Spuren verschwinden zu lassen. Sie hatten nur in einem Punkt Pech: Vollenweider kopierte das Material, das Sie jetzt verrät.»

«Wenn Sie meinen, dass es Ihnen gelingt, mich mit Ihren Geschichten zu beeindrucken, täuschen Sie sich. Ich habe mit dem Mord an meinem Geschäftspartner Jürg Neuenschwander nichts zu tun!»

«Ihre Fragetechnik irritiert mich», meldete sich jetzt auch Wieland wieder zu Wort. «Ein solch suggestives Vorgehen ist nicht legitim. Wir behalten uns dagegen rechtliche Schritte vor!»

«Behalten Sie sich vor, was Sie wollen», brüllte Kesselring.

Lüthi zog ein Formular hervor. «Wir haben schnell gearbeitet, meine Herren. Dies ist ein Haftbefehl des Untersuchungsrichters, wegen Verdunkelungsgefahr. Herr Häberli, wir werden Sie gleich ins Amtshaus überstellen.»

Mittwoch, 15. September 2004, 15.40 Uhr
Bern. Beim Bahnhof. Im «Wächter»

Später, beim Kaffee, fragte Lüthi: «Glaubst du, dass Häberli etwas mit den beiden Todesfällen zu tun hat?»

«Nein», brummte Kesselring. «Aber man kann sich täuschen. Vorerst wird er wegen seiner Wirtschaftsdelikte und wegen des Einbruchs belangt. Das wird ihn für einige Zeit aus dem Verkehr ziehen.»

«Bei den Todesfällen sind wir nicht wirklich weitergekommen, Peter.»

«Nein. Das Einzige, was wir mittlerweile mit Sicherheit wissen, ist, dass Neuenschwander ein sehr schwieriger Mensch war, vorsichtig ausgedrückt. Dass ihn viele gehasst haben. Was wissen wir eigentlich über den zweiten Toten?»

«Über Ernst Bärtschi? Wenig. Er war fast dreissig Jahre lang Sekundarlehrer in Tippschigen. Wurde vor etwa vier Jahren pensioniert. War bis vor kurzem Mitglied des Kirchgemeinderats Tippschigen. Hatte vor ein paar Jahren seine Frau verloren. Von einem Auto überfahren. Seither lebte er allein. Hatte vor einem halben Jahr einen Schlaganfall, deshalb hat er sich einen Mahlzeitendienst bestellt. Oder besser gesagt, seine Tochter hat dies getan. Sie wohnt in Kirchberg und kam regelmässig jede Woche, um nach dem Vater zu schauen. Die Befragungen in der Nachbarschaft und bei der Tochter haben keinerlei Anhaltspunkte ans Licht gebracht.»

131

«Denkst du, dass die beiden Fälle etwas miteinander zu tun haben?», fragte Kesselring.

«Ich weiss es nicht.»

«Die Sache mit den Geldern spricht dafür. Die beiden waren zur selben Zeit Kirchgemeinderäte, erhielten während dieser Zeit beide aus unbekannter Quelle einen höheren Geldbetrag und haben seit letztem Oktober jeden Monat denselben Betrag bar abgehoben.»

«Hänggi war nochmals bei mir und hat mir Zeitungsartikel gezeigt aus der Zeit, als Neuenschwander und Bärtschi zusammen im Kirchgemeinderat waren. Die beiden waren in einer Arbeitsgruppe, die einen Landverkauf vorbereitete. Pfrundland, das der Kirchgemeinde gehörte. Der Verkauf wurde erfolgreich abgeschlossen. Ungefähr zu diesem Zeitpunkt kam die Zahlung an die beiden.»

«Interessant.»

«Wer hat Neuenschwander umgebracht?», sinnierte Lüthi.

Kesselring antwortete nichts. «Felix Müller. Der junge Mann, der verschwunden ist. Gibt es Neuigkeiten?»

«Nein. Er ist wie vom Erdboden verschluckt. Ich bin sicher, dass er untergetaucht ist, weil er weiss, dass wir ihn suchen. Vielleicht ist er im Ausland.»

Beide schwiegen eine Weile.

«Und jemand von der Kirchgemeinde?», fragte Lüthi schliesslich.

«Ich weiss nicht», meinte Kesselring. «Da ist zwar viel Hass und Angst vorhanden. Aber ich bezweifle, dass jemand zu einem Mord fähig wäre. In Gedanken, ja, aber mehr nicht.»

Eine längere Pause trat ein. Kesselring stützte sein Kinn auf die rechte Hand und schien angestrengt nachzudenken. «Der Pfarrer, der mich damals konfirmiert hat, war ein fürchterlicher Langweiler. Kam immer Donnerstag um vier

Uhr nachmittags in die Schule und malträtierte uns dann zwei Stunden lang.

«Ich bin katholisch aufgewachsen. Meine Eltern wollten unbedingt, dass ich ministriere», erwiderte Lüthi. «Das habe ich dann auch gemacht, vor allem deshalb, weil die ganze Verwandtschaft stolz war, wenn ich da verkleidet in der Kirche herumstand.»

«Wie stehst du heute zur Kirche?», erkundigte sich Kesselring.

«Religion hat mich nie interessiert. Ich bin vor einigen Jahren ausgetreten. Steuern sparen.»

Wieder sagte keiner der beiden etwas.

«Schon wer auf seinen Bruder zornig ist, gehört vor Gericht», murmelte Kesselring nach einer Weile.

«Bitte?» Lüthi sah ihn fragend an.

«Steht in der Bibel. Mussten wir auswendig lernen, im kirchlichen Unterricht. An dieser Stelle sagt Jesus, dass nicht nur jemand, der einen Menschen umbringt, vor ein Gericht gestellt werden soll. Sondern dass schon hasserfüllte Gedanken ein Verbrechen darstellen. So habe ich das jedenfalls verstanden.»

«Dann wären die Gefängnisse ziemlich voll», brummte Lüthi.

«Ja», sagte Kesselring. «Voll von Pfarrern und Kirchgemeinderäten.»

Mittwoch, 15. September 2004
Schönbühl-Urtenen. Feldeggstrasse 41. Eine Dreizimmerwohnung

Livia Calderoni war nervös. Der Mord an Jürg Neuenschwander hatte sie aus heiterem Himmel getroffen. Jetzt war Coolness angesagt. Die Sache mit Ernst Bärtschi war mysteriös. Beide waren innerhalb von ein paar Tagen umgekommen, und Livia befürchtete, dass die Erpressung der beiden gerade dadurch ans Licht kam. Wer weiss, wo die Polizei überall ihre Nase hineinsteckte.

Andererseits war sie sicher, dass sie keine Fehler gemacht hatten. Es wäre verdammtes Pech, wenn wir über diese dummen Geschichten stolpern müssten, dachte sie.

Elftes Kapitel,

in dem der Chänelpass überwunden wird
und ein Brief im Papierkorb landet

Donnerstag, 16. September 2004, 17.15 Uhr
Tippschigen. Stappelisacker 73. Eine Vierzimmerwohnung

Langsam begannen sich die Dinge von einer anderen Seite zu zeigen. Von ihrer hässlichen.

Die Genugtuung war verschwunden. Und einem wachsenden Entsetzen darüber gewichen, was sie getan hatte: einen Menschen getötet.

Auch ein längerer Spaziergang hatte sie nicht beruhigen können. Wieder und wieder durchlebte sie die letzten Tage. Vor allem den Freitag. Jürgs Abfertigung. Ihr Schock. Wie er sie einfach hatte stehen lassen und sie seine Pistole an sich genommen hatte. Dann der Abend. Wie sie Jürg gestellt und erschossen hatte. Ihre anfängliche Euphorie, die langsam einem schlechten Gewissen wich, das sich nicht mehr zurückdrängen liess. Das Gespräch mit Pfarrer Zehnder, das sie vorübergehend ruhiger gemacht hatte.

Und dann am Dienstag dieser Zeitungsartikel. Sie wollte verhindern, dass die Polizei falsche Schlüsse zog. Der Tod Jürgs hatte nichts mit dem zweiten Toten zu tun. Doch dafür hatte ihr nun auch der junge Pfarrer keinen Rat. Gestern hatte sie, als ihre Unruhe und Ratlosigkeit immer grösser wurden, einen kurzen Brief an Pfarrer Hugentobler geschrieben. Aus einem Impuls heraus. Sie wollte irgendetwas tun. Jetzt bereute sie es. Doch vielleicht war auch das egal.

Vor einigen Monaten hatte sie die Affäre mit Jürg aus der Sinnlosigkeit ihres Lebens herausgerissen. Doch jetzt? Was blieb ihr noch?

Donnerstag, 16. September 2004
Von Oberwil auf den Sangernboden

Es tat Kesselring gut, seine Beine zu spüren. In gleichförmigem, festem Schritt ging er hinter seinem Freund Martin Mathys her. Seit Jahren unternahmen sie jährlich drei- oder viermal gemeinsam eine Wanderung. Seit dem Sommer, in dem auch Kesselring Witwer geworden war. Früher waren sie als Ehepaare befreundet gewesen und hatten ab und zu gemeinsame Ausflüge gemacht. Jetzt hielten Mathys und er diese Tradition aufrecht.

Sie waren mit dem Zug nach Oberwil bei Boltigen im Simmental gefahren. Kesselring hatte schon am Bahnhof in Bern sein Handy ausgeschaltet. Heute war sein freier Tag, und in diesen Dingen war er stur. Er wollte nicht gestört werden.

Rasch waren sie nach Waldried hinaufgestiegen und hatten nach kaum vierzig Minuten den Römergraben erreicht. Kesselrings Vater hatte in den Jahren 1941 bis 1943 hier Aktivdienst geleistet. Als Füsilier bewachte er den Bergbau, der während jener Jahre im Landi-Geist betrieben wurde. Letzte Spuren wiesen noch jetzt darauf hin, dass damals auf beiden Seiten des Wüestenbachs Kohlenflöze abgebaut wurden. Als Kind war Kesselring einmal hier gewesen, und sein Vater hatte ihm von den Kriegsjahren erzählt. Von der Angst, dass Hitler die Schweiz überfallen würde. Von der Kälte in den Wintermonaten, hier oben auf tausend Höhenmetern. Davon, dass er, der Vater, seinen Militärdienst gerne geleistet habe. Der Dienst am Volk sei ihm heilig gewesen, hatte er eindringlich gesagt. Besonders beeindruckt hatte seinen Vater ein Gottesdienst auf offenem Feld, den der Oberwiler Pfarrer gehalten hatte. Das halbe Simmental sei dort oben gewesen, und die Bergler seien in ihrem vaterländischen Verteidigungswillen gestärkt worden.

Während des steilen Aufstiegs nach der Vorderen Richisalp war es Kesselring wieder einmal bewusst geworden, dass er nicht mehr der Jüngste war. Er staunte, wie kräftig Martin, der acht Jahre älter war als er selbst, hier ausschritt. Er selbst geriet rasch ausser Atem, und sein Freund musste mehrmals auf ihn warten. Die beiden sprachen kein Wort, in gegenseitigem Einverständnis trotteten sie auf dem sanften Anstieg zum Chänelpass nebeneinander her. Dort packten sie ihr Mittagessen aus den Rucksäcken, assen, immer noch schweigend, und genossen die Aussicht, die sich ihnen ins Freiburgerland hinein bot.

Auf dem gemächlichen Fussweg zwischen der Chänelgantrisch-Hütte und dem Sangernboden fragte Martin: «Dich beschäftigt etwas, nicht wahr, Peter?»

Kesselring nickte. Mathys wartete. Er wusste, dass der Freund manchmal Zeit brauchte, um seine Gedanken in die richtigen Worte zu fassen.

«Die ganze Untersuchung geht mir langsam an die Nieren», sagte er nach einer Weile.

«Der Mord an diesem Anwalt?»

«Ja. Der Jurist, Jürg Neuenschwander, war ein schwieriger Mensch. Ein Schwein, wie sich jemand ausdrückte. Aber solche Menschen gibt es ja überall.»

«Was grübelst du dann?»

«Er war auch Kirchgemeindepräsident von Tippschigen. Und es sieht so aus, als ob Spuren in die Kirchgemeinde führten. Zu den Angestellten, Pfarrern, in den Kirchgemeinderat. Vielleicht auch zu den Freiwilligen, den Gottesdienstbesuchern.»

Mathys überlegte kurz. «Du meinst, der Mörder ist dort zu suchen?»

«Ich weiss es nicht. Der ganze Kirchgemeindebetrieb ist aufgeladen mit Aggression, heuchlerischer Freundlichkeit und Hass, alles wird unter dem Deckel gehalten. Gleichzeitig fällt es mir aber schwer zu glauben, dass jemand aus diesem Kreis kaltblütig zur Waffe greift.»

«Ist es das, was dich beschäftigt?»

Kesselring schwieg einige Minuten. Konzentrierte sich auf die Wanderung, genoss die Aussicht.

«Nein», sagte er dann. Und wandte sich Mathys zu.

«Martin, vor deinem Wirtschaftsstudium hast du doch ein paar Semester Theologie studiert. Warum hast du damals eigentlich aufgehört und bist schliesslich Unternehmer geworden?»

Mathys lachte kurz auf. «Um Gottes willen, das ist lange her.» Er rechnete kurz nach. «Über vierzig Jahre. Warum interessiert dich das?»

«Kirche. Religion. Christentum. Glaube. Damit bin ich in diesem Fall konfrontiert, ob ich will oder nicht. Deshalb.» Kesselring gab sich zugeknöpft.

«Ich bin in einer Familie aufgewachsen, in der man noch jeden Sonntag in die Kirche ging», begann Mathys. «Schon früh legte ich mich darauf fest, Pfarrer zu werden, ich war sehr religiös, machte in der Jungen Kirche mit, half bei der Sonntagschule. Ich stürzte mich mit Eifer in die Studien an der Universität. Liebte die alten Sprachen, lernte spielend Lateinisch, Griechisch, Hebräisch. Betrieb hingebungsvoll Bibelstudien, Philosophie, Dogmatik, Kirchengeschichte. In meiner Freizeit engagierte ich mich immer stärker in der Kirchgemeinde, hielt Predigten, leitete Bibelabende. Und dann kamen die Zweifel.» Mathys hielt inne. Sie schritten ein paar Minuten nebeneinander her, ohne dass ein Wort fiel.

«Ich begann mich zu fragen, wohin das Ganze führen solle. Was Sinn und Zweck sei. Gleichzeitig trieb mich die Frage um, was ich selbst eigentlich wolle. Ziel des Lebens und so. Ich bemerkte, dass ich es nicht wusste. Die erste grosse Lebenskrise überfiel mich damals völlig unvorbereitet, behütet, wie ich aufgewachsen war. Schliesslich gelangte ich zur Überzeugung, dass ich helfen wollte, die Welt besser zu machen. Für die Gerechtigkeit kämpfen, den Benachteiligten helfen. Grosse Ideale. Ich stellte mir vor, als Pfarrer meinen Einfluss nutzen zu können und andere im Kampf für eine bessere Welt zu führen.»

«Daraus ist nichts geworden, wie es scheint.»

«In dieser Zeit lief in meiner Kirchgemeinde eine Kampagne gegen unseren Pfarrer. Das war in den Sechzigerjahren, der Kalte Krieg hatte seinen Höhepunkt erreicht. Pfarrer Rötheli wurde nachgesagt, er sei ein Sympathisant der Kommunisten, Mitglied der PdA. Am Schluss wurde er abgewählt, Opfer einer konzertierten Intrige. Das war für mich ein Wendepunkt. Nicht, dass ich ein Linker gewesen wäre, im Gegenteil. Aber Pfarrer Rötheli war sozial engagiert, leistete hervorragende Arbeit in der Kirchgemeinde. Doch das spielte überhaupt keine Rolle mehr. Der Mann musste weg, koste es, was es wolle. Ich erkannte damals, dass in den Kirchgemeinden dieselben Machtverhältnisse herrschten wie ausserhalb. Der Kirchgemeinderat wurde nach politischen Parteien besetzt, und das waren bei uns ausnahmslos bürgerliche: BGB, FDP, die Schwarzenbach-Republikaner. Der Pfarrer-Rausschmiss war eine rein politische Angelegenheit. Ich war schockiert. So etwas hätte es nach meinem damaligen Weltbild nicht geben dürfen. In der Kirche läuft es doch anders, hatte ich gedacht. Da zählt doch der Mensch, sein Herz, das, was er tut, und nicht das Parteibuch. Ich begann zu begreifen, dass auch in der Kirche nicht in erster Linie die Nächstenliebe bestimmend ist, sondern handfeste Interessen und überbordende Kleinkariertheit. Wie sonst überall auch.»

«Und da hast du der Theologie den Rücken gekehrt?», fragte Kesselring.

«In dieser Zeit kam ich in Berührung mit den Büchern von Leonhard Ragaz. Ragaz war zu Beginn des letzten Jahr-

139

hunderts Pfarrer, später Theologieprofessor in Zürich. 1921 legte er sein Amt nieder mit der Begründung, dass er Gott besser dienen könne, wenn er direkt zu denjenigen gehe, die seine Hilfe brauchten. Für den Rest seines Lebens widmete er sich der Sozial- und Bildungsarbeit im Zürcher Aussersihlquartier, damals ein heruntergekommenes Arbeiterviertel. Die Theologie von Ragaz, mehr noch sein persönliches Vorbild, haben mich sehr geprägt.»

Mathys blieb einen Augenblick stehen. «Eigenartig, ich habe seit Jahren nicht mehr an diese Zeit gedacht.»

«Warum hast du dich danach ausgerechnet für ein Wirtschaftsstudium entschieden?», fragte Kesselring.

«Das war eher Zufall. Ich wusste einfach, dass ich nicht mehr Pfarrer werden wollte. Konnte. Ragaz hatte mich überzeugt mit seiner Theologie, dass der Kampf für eine gerechte Welt, das Leben für Gott nicht der Kirche vorbehalten sei. Zuerst dachte ich an ein Jus-Studium oder an Geschichte, doch dann studierte ich Wirtschaft. Und wurde Unternehmer.»

«Was ist aus deinen Idealen geworden, Martin?»

«Eine gute Frage. Ich denke, dass ich ihnen gar nicht so schlecht nachgelebt habe. Das war in jener Zeit, als ich selbst noch aktiv im Geschäftsleben stand, einfacher als heute. Ich möchte jetzt kein Unternehmen mehr führen müssen. Da regiert nur noch die nackte Gier.»

Als Mathys und Kesselring eine Stunde später an einem der Tische vor dem Gasthof im Sangernboden sassen und Bratwurst mit Rösti assen, war Kesselring immer noch nachdenklich.

«Weisst du, Martin, es ist nicht der Erschossene, der mich beschäftigt. Natürlich ist das furchtbar, aber irgendwann werden wir den Mörder finden.» Er schaufelte sich eine grosse Portion Rösti in den Mund und kaute genüsslich.

«Gestern Abend bin ich im Garten bei meinem Glas Rotwein gesessen und habe mich gefragt, warum ich so melancholisch geworden bin in den letzten Tagen. Und ob du es glaubst oder nicht, es ist die Sache mit der Kirche. Dabei bin ich doch gar kein religiöser Mensch. Jedenfalls nicht in dem Sinn, dass ich dauernd in Gottesdienste gehe. Doch die Kirche hat für mein Empfinden ihren Platz in der Welt. Taufe, Konfirmation, Hochzeit, Begräbnis, ich würde nie darauf verzichten wollen. Und als Sonja noch lebte, sind wir jede Weihnacht in den Mitternachtsgottesdienst gegangen, früher mit den Kindern, dann zu zweit. Das waren wunderschöne Augenblicke.» Kesselring bekam feuchte Augen und musste sich schnäuzen.

«In meinem Hinterkopf hat sich diese Überzeugung gehalten, dass es auch in unserer versumpften Zeit ein Stückchen heile Welt gibt. Einen Ort, an dem eine Art Reinheit und Aufrichtigkeit, fast in naivem Sinne, gelebt wird. Wo, um es ganz einfach zu sagen, Gott unverstellt gedient wird. Dieser Ort ist, das ist ein Glaube tief unten in meiner Seele, die Kirche. Die muss sozusagen im Dorf bleiben, ob ich da nun hingehe oder nicht. Es ist wichtig für mich, zu wissen, dass es sie gibt. Und Leute, die Gott näher sind als ich, die sich ihm geweiht haben.»

Kesselring schluckte sein letztes Stück Bratwurst hinunter.

«Und dann drängen sich ein intriganter, machtbesessener Sadist und Erpresser wie dieser Kirchgemeindepräsident Neuenschwander und ein langweiliger, verlogener Schleicher wie Pfarrer Hugentobler in mein Leben. Die ganze Kirchgemeinde Tippschigen ist ein moralischer Morast. Ein Augiasstall. Klatsch, Intrigen, Machtspiele der übelsten Sorte gehören zur Tagesordnung. Feigheit, Drückebergerei und dumpfe Dummheit ebenso.»

Er schaute Mathys an.

«Entschuldige den Ausbruch. Weisst du, es gibt Dinge, die will ich gar nicht wissen. Das hier gehört dazu. Sollen sie sein, wie sie wollen. Aber sie sollen es mir nicht zeigen. Sie

machen mir die Kirche in meinem inneren Dorf kaputt.
Mein Fleckchen heile Welt. Meine kleine Utopie.»

«Versuch, ihnen zu verzeihen. Dann kannst du vielleicht
etwas von deiner heilen Welt retten», schlug Mathys vorsichtig vor.

«Ich glaube nicht, dass mir das gelingt. Ich weiss noch
nicht einmal, ob ich das überhaupt will», antwortete Kesselring und schnäuzte sich nochmals.

Donnerstag, 16. September 2004, 10.20 Uhr
Tippschigen. Pfarrhaus. Im Büro von Pfarrer Hugentobler

Christoph Hugentobler ging seine Post durch. Dabei stiess
er auf einen mit PC geschriebenen Brief.

Tippschigen, 15. September 2004

Sehr geehrter Herr Pfarrer

Die Polizei ist auf der falschen Spur.
Jürg Neuenschwander hat für das gebüsst, was er
getan hat. Nicht mehr und nicht weniger. Mit dem
Tod von Ernst Bärtschi hat es nichts zu tun.
Sagen Sie das der Polizei.

Mein Name ist nicht wichtig.

Hugentobler betrachtete den Briefumschlag. Abgestempelt
an der Schanzenpost in Bern. A-Post. Kein Absender. Er las
die kurze Botschaft nochmals und dachte nach. Nach einigen Minuten zerriss er sowohl den Brief wie den Umschlag

in kleine Schnipsel, die er nachdenklich in seinen Papierkorb flattern liess.

Er glaubte zu wissen, wer diesen Brief geschrieben hatte. Unglaublich, wohin das verwirrte Herz eine Frau führen konnte. Er hatte sofort gewusst, dass sie psychisch nicht sehr stabil war. Dieser Brief bestätigte ihm, dass er Recht hatte. Sie hatte sich in einen Wahn hineingesteigert.

Er musste sie zur Vernunft bringen. Ihr einen Weg aufzeigen. Er würde als Seelsorger Verantwortung übernehmen müssen. Er wusste, dass dieser Besuch, dieses Gespräch unumgänglich war. Auf gar keinen Fall durfte Kesselring zum jetzigen Zeitpunkt davon erfahren. Hugentobler stand auf, schaute in seine Agenda. Morgen Nachmittag hatte er Zeit. Es gab einfach Momente, in denen ein Pfarrer gefragt war.

Dass alles ganz anders sein könnte, kam Hugentobler nicht in den Sinn. Dass es gefährlich sein könnte, auch nicht.

Zwölftes Kapitel,

in dem ein Verbrecher gefasst wird,
aber leider kein Mörder

Donnerstag, 16. September 2004, 20.00 Uhr
Tippschigen. Kirchgemeindehaus. Grosses Sitzungszimmer

«Meine Damen, meine Herren, ich danke Ihnen für Ihr Interesse. Wir werden versuchen, Sie nicht zu enttäuschen.» Es war Kesselring nicht gelungen, nach der Wanderung auch den Abend freizuhalten. Der Kirchgemeinderat Tippschigen wollte eine Bestandesaufnahme aus erster Hand. Wegmüller, der Vizepräsident, hatte ihn am frühen Abend zu Hause erreicht und ihn beschworen, noch am selben Tag zu kommen. «Das Ganze gerät langsam ausser Kontrolle. Ich wäre sehr froh, wenn Sie zu unseren Leuten sprechen würden.»

Jetzt sass er mit Lüthi zusammen am Tisch mit sieben Kirchgemeinderäten sowie den beiden Pfarrern. Kesselring kannte nur Katharina Sidroyes, die ihn mit ihrem abschätzigen Blick musterte. Die anderen waren ihm vorgestellt worden, doch er hatte ihre Namen sofort wieder vergessen. Graue Mäuse, kaum voneinander zu unterscheiden. Vier Frauen und drei Männer, die, von Daniel Wegmüller abgesehen, nicht zu wissen schienen, dass es so etwas wie innere Energie oder Lebensfreude gab.

«Ich darf Ihnen nichts verschweigen», schloss Lüthi nach einer zusammenfassenden Information. «Es besteht die Möglichkeit, dass der Täter weitere Opfer im Visier hat. Und zwar im kirchlichen Umfeld. Sie selbst, aber auch die Angestellten, alle, die in der Kirchgemeinde engagiert sind, könnten das nächste Opfer sein. Wir wollen auch nicht verschweigen, dass der oder die Täter aus der Kirchgemeinde selbst stammen könnten. Jürg Neuenschwander hatte auch hier offensichtlich nicht nur Freunde.»

Eine der Kirchgemeinderätinnen fuhr hoch. «Ich finde es völlig unpassend, wie Sie von einem Verstorbenen sprechen. Jürg Neuenschwander war kein einfacher Mensch, doch er hat auf seine Art das Beste für alle gewollt. Er hat Respekt verdient, auch wenn Sie einen Mord aufzuklären haben. Wir haben ihn heute Nachmittag erst beerdigt, und schon wird schlecht über ihn geredet.»

«Ich pflichte Béatrice bei», ereiferte sich Katharina Sidroyes. «Sie beschmutzen das Andenken unseres Präsidenten. Sie, Herr Kesselring, sind sich nicht zu schade, primitivste Gerüchte über ihn zu verbreiten. Und jetzt werden wir noch als Mordverdächtige hingestellt. Ich kann das nicht akzeptieren.»

Die Besprechung drohte zu entgleisen. Kesselring spürte die Wut, aber auch die nackte Angst, die den Raum erfüllte. Die meisten starrten ihn an, erwarteten, dass er noch etwas sagte. Wegmüller schien sich zu überlegen, wie er die Situation einigermassen in den Griff bekommen könnte. Hugentobler starrte vor sich hin. Es war unschwer zu erkennen, dass er unter dieser Entwicklung litt.

«Was soll das ganze Gerede», meldete sich jetzt Zehnder zu Wort. «Wir alle haben Jürg Neuenschwander gekannt. Wir wissen, dass er Gegner hatte. Unter uns sind Leute, die Grund hatten, ihn zu hassen. Ich nehme mich davon nicht aus. Wir wissen, dass seine private Lebensführung zu Fragen Anlass gab. Wir würden alle darüber schweigen, wenn wir jetzt nicht einen – vielleicht zwei – Morde aufzuklären hätten. Und selbst befürchten müssten, erschossen zu werden. Die Vorstellung, dass der Mörder aus den eigenen Reihen stammen könnte, ist natürlich unerträglich. Wir wollten heute informiert werden, das ist geschehen. Ich danke Ihnen, meine Herren. Haben Sie noch ein Anliegen?»

Kesselring antwortete sofort: «Ich bitte Sie insbesondere, uns alle Informationen, die in irgendeiner Weise hilfreich sein könnten, weiterzuleiten. Ich sage Ihnen ganz ehrlich, dass ich den Eindruck habe, dass dies nicht immer geschieht. Sie schaden damit sich selbst und behindern möglicherweise die Ermittlungen.»

Jetzt meldete sich Hugentobler gewichtig zu Wort. Er schien genau auf diesen Augenblick gewartet zu haben, um seinen Worten das nötige Gewicht zu verleihen. «Ich hatte heute ein Telefongespräch mit dem Präsidenten des Synodalrats. Er ist in Gedanken bei uns. Er sichert uns seine moralische Unterstützung zu. Falls der Rat uns in irgendeiner Weise helfen kann, sollen wir uns an ihn wenden.» Er wandte sich Kesselring zu. «Der Synodalrat hofft, dass der Mörder möglichst bald gefunden wird. Es ist wichtig, dass diese Angelegenheit bald abgeschlossen wird und die Gemeinde zur inneren Ruhe zurückkehren kann.»

«Hat das der Synodalratspräsident gesagt, oder ist der letzte Satz von dir?», fragte Zehnder scharf.

Hugentobler blickte ihn wütend an, sagte aber kein Wort.

«Nun, Christoph?» Zehnder schaute ihn durchdringend an. «Wir warten.»

«Was soll das?», ereiferte sich Katharina Sidroyes. «Andreas, ich muss dich doch sehr bitten! Wie kannst du Christoph derart provozieren?»

Hugentobler richtete sich auf dem Stuhl auf. «Es ist ein Wunsch, den alle empfinden, die ein Verantwortungsgefühl für unsere Gemeinde haben.» Er vermied es, Zehnder anzuschauen.

«Danke, Christoph, für die präzise Antwort auf meine Frage», erwiderte der. «Ist die Sitzung hiermit beendet?»

Wegmüller beeilte sich, Lüthi und Kesselring zu danken und sie zu verabschieden. Danach fuhren die beiden in die Stadt und genehmigten sich im «Lorenzini» ein Bier.

«Wir stecken fest, nicht wahr?», fragte Lüthi nach dem ersten Schluck.

«Ja.» Kesselring schien gar nicht richtig bei der Sache zu sein. Er starrte in sein Glas. Den ganzen Abend sprach er kein Wort mehr.

Freitag, 17. September 2004, 9.00 Uhr
Bern. Waisenhausplatz 32. Polizeipräsidium
Kommissar Kesselrings Büro

Felix Müller wurde am Freitagmorgen um drei Uhr verhaftet. Es war Zufall. Bei einer Drogenrazzia in einer Wohnung in Bümpliz wurden ausser ihm vier weitere Kleindealer festgenommen. Man merkte erst im Verlauf des Morgens, wer da ins Netz gegangen war.

Müller gab im Verhör sofort zu, dass er Jürg Neuenschwander in der Mordnacht noch gesehen habe. Allerdings sei er da schon tot gewesen. Natürlich sei er zuerst schockiert gewesen. Doch dann habe er der Versuchung nicht widerstehen können, den Toten unters Gebüsch geschleppt und ausgeraubt. Er wisse, dass dies «Scheisse» gewesen sei, doch im Moment habe er sich nicht viel dabei gedacht, bekifft wie er gewesen sei. Den Mörder habe er nicht gesehen.

Obwohl Kesselring ihn unter Druck setzte und stundenlang mit verschiedenen Techniken in die Zange nahm, blieb Müller bei seiner Version. Kesselring war geneigt, ihm zu glauben. Er traute ihm keinen Mord zu. Zudem konnte er bei ihm kein Motiv erkennen.

Freitag, 17. September 2004, 16.30 Uhr
Tippschigen. Stappelisacker 73. Eine Vierzimmerwohnung

Sie hatte sich das Ganze überlegt.

Sie wusste jetzt, was zu tun war. Da war nichts, wofür zu leben es sich noch lohnte. Das Letzte, was sie noch hatte auskosten können, war die Rache gewesen. Mehr hatte sie nicht zu erwarten.

Früher war sie unerfüllt und verzweifelt gewesen. Jetzt kam das Bewusstsein hinzu, ein Verbrechen begangen zu haben. Ohne Möglichkeit, jemals etwas wiedergutmachen zu können. Ihr Leben war ruiniert.

Sie hatte keine Angst vor dem Tod. Ein Hinübergehen in eine andere Welt, eine bessere. Vielleicht. Zu oft war sie schon enttäuscht worden. Warum nicht auch diesmal? Warum sollte es besser werden, wenn man einmal gestorben war? Wahrscheinlich würde es dort wieder ähnlich sein wie hier. Es gab nur einen Weg, dies herauszufinden.

Die Pistole, mit der sie Jürg Neuenschwander erschossen hatte. Sie war immer noch geladen. Sie konnte ihr einen zweiten und letzten Dienst erweisen.

Dreizehntes Kapitel,

in dem beinahe nochmals jemand stirbt
und Kommissar Kesselring zum Einsatz kommt

Freitag, 17. September 2004, 17.07 Uhr
Tippschigen. Stappelisacker 73. Eine Vierzimmerwohnung

Pfarrer Christoph Hugentobler atmete tief durch, bevor er klingelte. Er hatte sich genau überlegt, wie er vorgehen wollte. Es war kurz nach fünf Uhr.

Es dauerte eine Weile, bis die Tür aufging. Als sie sie öffnete, wusste er, dass es schwierig werden würde. Sie sah ihn erst überrascht, dann abweisend an. Doch er vertraute darauf, dass das erste seelsorgerliche Gespräch, das er mit ihr vor einigen Wochen geführt hatte, einen guten Boden gelegt hatte. Darauf konnte er aufbauen.

«Ich muss mit Ihnen sprechen. Es ist wichtig für Ihre Zukunft.» Hugentobler schaute ihr bewusst mit einem ernsten und gefassten Blick in die Augen. Sie liess ihn zögernd eintreten.

«Ist Ihr Mann zu Hause?», fragte er.

«Nein», antwortete sie. «Sie wissen doch, dass er arbeitslos ist und um diese Zeit mit seinen Kumpanen säuft.»

Hugentobler seufzte. Es war ein Kreuz, wenn eine Ehefrau ihren Mann nicht unterstützte, sondern ihm sogar in den Rücken fiel. Er setzte sich auf das Sofa im Wohnzimmer. Sie blieb stehen, lehnte sich an den Esstisch und schaute ihn feindselig an.

Hugentobler war irritiert, dass sie stehen blieb. «Setzen Sie sich doch», bat er sie.

«Nein, danke. Ich stehe lieber. Es wird ja wohl nicht lange dauern, oder?»

Er geriet etwas aus dem Konzept und überlegte kurz, ob er auch aufstehen sollte, blieb aber sitzen.

In diesem Augenblick klingelte das Telefon. Karin Lehmann blieb stehen, wo sie war, und machte keine Anstalten, den Hörer abzunehmen.

Hugentobler wurde unruhig. «Wollen Sie nicht antworten?»

«Das kann warten», antwortete sie. «Kommen Sie zur Sache.»

Hugentobler wartete, bis das Klingeln verstummte.

«Ich habe gestern einen kurzen Brief erhalten. Ich bin überzeugt, dass Sie ihn geschrieben haben.» Hugentobler machte eine Pause. «Stimmt das?» Sein Ton war jetzt verständnisvoll und väterlich.

Längere Zeit war kein Laut zu hören.

«Ja», sagte sie dann, «der Brief stammt von mir.»

«Ich will ehrlich zu Ihnen sein. Ich glaube nicht, was Sie geschrieben haben. Ich glaube nicht, dass Sie etwas wissen. Sie wollen sich wichtig machen. Sie sind verwirrt, weil Jürg umgebracht worden ist. Sie haben sich eine Theorie zurechtgelegt, nach der er bestraft worden ist. Das sind deutliche Anzeichen einer ernsten seelischen Störung.»

Er blickte sie jetzt fest an.

«Sie und Ihre Probleme sind nicht der Mittelpunkt der Welt. Das müssen Sie lernen. Ich kann verstehen, dass Sie etwas angespannt sind, in Ihrer Situation. Doch Sie sind dabei, Ihr Leben zu ruinieren. Ich habe Ihren Brief vernichtet, damit er nicht in falsche Hände kommt und die Polizei Sie des Mordes verdächtigt. Ich rate Ihnen, eine Psychotherapie zu machen und die Schwierigkeiten, die Sie mit Männern haben, aufzuarbeiten.»

Sie sah ihn lange ausdruckslos an. Sagte kein Wort. Starrte ihn nur an. Hugentobler wusste nicht weiter. Ihr Blick hatte jetzt etwas Flackerndes.

Er setzte nochmals an. «Ich meine es gut mit Ihnen, Frau Lehmann. Ich will das Beste für Sie. Aber Sie sollten sich nicht in diese Angelegenheit mit Jürg Neuenschwander hineinsteigern. Sie haben ihn nicht umgebracht. Es war jemand anderes. Ich weiss, wer es war.» Das war gelogen. Doch Notlügen halfen manchmal weiter. «Ich bitte Sie um Ihretwillen, nehmen Sie Vernunft an, gehen Sie in eine Therapie. Ich bin gern auch bereit, Ihnen dabei zu helfen.»

Immer noch dieser flackernde Blick. Einige Minuten verstrichen. Hugentobler kamen sie wie eine Ewigkeit vor.

Wieder klingelte das Telefon. Sie liess es lange läuten, ging dann mit überraschend schnellen Schritten zum Apparat und hob den Hörer ab. Meldete sich. Ihr Gesicht wurde aschfahl. Bewegungslos stand sie da, den Hörer am Ohr. Dann legte sie auf, ohne ein Wort gesagt zu haben.

Karin Lehmann drehte sich langsam um und schaute Hugentobler hasserfüllt an.

«Das haben Sie sich fein ausgedacht.»

Sie setzte sich ruckartig in Bewegung und verliess den Raum. Als sie zurückkam, hielt sie eine Pistole in der Hand. Sie blieb unter der Tür stehen und zielte auf Hugentobler.

«Sehen Sie diese Pistole? Sie gehörte Jürg Neuenschwander. Damit habe ich ihn getötet.»

Dann schoss Karin Lehmann, die Putzfrau, auf Christoph Hugentobler, den Pfarrer, der entsetzt aufgestanden und zum Fenster zurückgewichen war. Der Pfarrer fasste sich an die Brust und brach zusammen, ohne einen Laut von sich zu geben.

Freitag, 17. September 2004, 17.15 Uhr
Bern. Waisenhausplatz 32. Polizeipräsidium
Kommissar Kesselrings Büro

Kesselring war mittlerweile überzeugt, dass Müller die Wahrheit gesagt hatte. Andere Beamte würden wahrscheinlich jetzt weiter versuchen, ihn in Widersprüche zu verwickeln, um möglicherweise herauszufinden, dass er Neuenschwander doch ermordet hatte. Der Kommissar glaubte nicht, dass dabei noch etwas herauskommen würde.

Seit etwa zwei Tagen verstärkte sich bei ihm das Gefühl, dass sie etwas übersehen hatten. Ein Detail, eine Nebensächlichkeit vielleicht. Oder etwas, woran sie nicht gedacht hatten.

Gedankenverloren ging er nochmals die ganzen Akten durch. Verfasste nochmals auf einem Blatt Papier einen zeitlichen Ablauf der Geschehnisse. Der Mord an Jürg Neuenschwander. Der Einbruch in die Anwaltskanzlei, die Überführung des Einbrechers, Vollenweider. Rolf Häberli als Wirtschaftskrimineller enttarnt. Dann die Entdeckung des toten Bärtschi. Jetzt das Geständnis Müllers, Neuenschwander zwar ausgeraubt, aber nicht umgebracht zu haben.

Damit sind wir wieder am Ausgangspunkt, dachte Kesselring. Dort, wo alles angefangen hat: beim Tod Neuenschwanders. Wer konnte ein Interesse daran haben, Neuenschwander umzubringen? Wer hatte etwas davon? Oder wer hasste ihn genug? Er nahm ein neues Blatt hervor, zeichnete mehrere Kreise und überschrieb sie mit «Kirchgemeinde», «Geliebte», «Anwaltsbüro» und «unbekannt». Danach füllte er die Kreise mit Namen. Wegmüller, Sidroyes, Kummer, Hugentobler, Pfarrer und Pfarrfrau, Zehnder, die Sekretärin, weitere Angestellte, Kirchgemeinderäte. Die Geliebten, Vera Geissbühler, Frau Häberli, die Putzfrau Neuenschwanders, sechs weitere, deren Namen er von den

Fotos abschrieb. Beim Anwaltsbüro Rolf Häberli, nochmals Vera Geissbühler. Unter «unbekannt» mehrere grosse Fragezeichen. Nach einigem Zögern die beiden Namen Felix Müller und Sven Vollenweider.

Hatte er etwas vergessen? Gab es mögliche Verdächtige, die er benennen konnte? Nach längerem Nachdenken verneinte er diese Frage. Der grosse Unbekannte vielleicht? Jemand, der ausserhalb des Ganzen stand, den sie nicht kannten? Darauf könnten die regelmässigen Geldbezüge von Neuenschwander und Bärtschi hindeuten. Wurden sie von jemandem erpresst, der sie dann umgebracht hatte? Oder hatte dies mit dem Mord an Neuenschwander und dem Tod von Bärtschi gar nichts zu tun?

Nein.

Kesselrings Gewissheit, dass sich der Mörder – oder war es eine Mörderin? – unter den aufgeschriebenen Namen befand, war stark. Kesselring strich die beiden Namen Müller und Vollenweider durch, danach den Kreis «unbekannt». Er war sich sicher, dass die beiden Kleinkriminellen nichts mit diesem Mord zu tun hatten. Und er verwarf die Theorie vom «grossen Unbekannten» als Ganzes.

Das Anwaltsbüro? Vera Geissbühler schied für ihn aus. Rolf Häberli? Kaum. Er war nun wirklich nicht der Mann, jemanden kaltblütig umzubringen. Kesselring war sich bewusst, dass er sich dem Fall jetzt aus dem Bauch heraus näherte. Von den Fakten her war Häberli einer der dringend der Tat Verdächtigen. Und trotzdem strich er den Namen entschlossen durch. Schon oft hatte er erlebt, wie ein Eindruck, ein Gefühl, eine Ahnung dazu geführt hatten, einen Fall aufzuklären.

Jemand aus der Kirchgemeinde Tippschigen? Er ging die einzelnen Namen durch. Alle hatten sie ein Problem mit Neuenschwander gehabt, mit Ausnahme wohl von Sidroyes. Doch war ihnen ein Mord zuzutrauen? Kesselring widerstand dem ersten Impuls, diese Frage sogleich mit «Nein» zu beantworten, und ging die Leute einzeln durch. Eine halbe Stunde später war er sich auch hier fast sicher: Niemand kam in Frage. Zu wenig entschlossen, zu weich.

Blieb der letzte Kreis. Er schaute die Fotos der Geliebten Neuenschwanders an, von denen Abzüge erstellt worden waren. Die Frau Häberlis. Vera Geissbühler. Daneben einige weitere Frauen, die er nicht kannte. Auf der Rückseite die Jahreszahlen, fein säuberlich handschriftlich notiert. Alle waren bereits befragt worden, ohne Resultat. Kesselring ging nochmals die Vernehmungsprotokolle durch.

Und stutzte. Es gab nur noch eine weitere Frau, die zum Zeitpunkt des Mordes zum erweiterten Harem Neuenschwanders gehört hatte. Alle anderen waren verflossene Geliebte. Eine gut aussehende Mittfünfzigerin mit etwas verhärmtem Blick. Das war ihm bisher nicht aufgefallen. Kesselring erinnerte sich daran, dass die Witwe Neuenschwanders ihm erklärt hatte, es sei ihre Putzfrau gewesen. Sie hatte sie fristlos entlassen. Sie hiess Karin Lehmann.

«Ja, das stimmt. Ich wollte sie nicht mehr sehen», antwortete Erika Neuenschwander, als Kesselring sie anrief und nach der Putzfrau fragte.

«Wo wohnt sie?», fragte Kesselring.

Er versuchte sofort anzurufen, doch niemand nahm den Hörer ab.

Er lehnte sich zurück. Dachte nach. Es war doch immerhin denkbar, dass sie etwas damit zu tun hatte. Als Putzfrau im Haus Neuenschwanders hatte sie theoretisch jederzeit Zugang zur Tatwaffe gehabt. Sie war seine Geliebte gewesen, offenbar hatten sie sich immer donnerstagmorgens getroffen, wenn sie in seinem Haus geputzt hatte und seine Frau im Yoga war. Und letzten Donnerstagabend war er erschossen worden.

Etwas abwesend suchte er die Fotos vom Tatort hervor. Betrachtete nochmals das Gesicht des Toten, die eigenartige Körperhaltung. Das Loch, genau zwischen den Augen. Der Fotograf hatte noch Aufnahmen von der Umgebung gemacht, nachdem die Leiche weggebracht worden war. Um acht Uhr zehn morgens, wie eine Notiz verriet. Kesselring sah sie oberflächlich durch.

Dann nahm er ein Vergrösserungsglas zu Hilfe. Kein Zweifel. Auf einem der Fotos war unter den Schaulustigen die Putzfrau zu sehen. Zufall? Woher wusste sie so früh, dass es hier etwas zu sehen gab? Kesselring sträubten sich die Nackenhaare.

In diesem Augenblick klopfte es an die Tür, und Sascha Lüthi trat ein. Kesselring teilte ihm seine Überlegungen mit. Und dass sie auf dem Foto vom Tatort früh am Morgen zu sehen war.

Kesselring nahm nochmals den Telefonhörer in die Hand und tippte die Nummer ein. Er liess es mindestens ein Dutzend Mal klingeln. Als er gerade wieder auflegen wollte, meldete sich eine Frauenstimme.

«Karin Lehmann.»

«Guten Tag, Frau Lehmann, hier spricht Kommissar Kesselring von der Kriminalpolizei. Wir ermitteln im Mordfall Neuenschwander und hätten Ihnen gerne einige Fragen gestellt.»

Am anderen Ende blieb es still. Kesselring hörte nur, wie die Frau schwer atmete. Er blickte Lüthi bedeutungsvoll an.

«Frau Lehmann, sind Sie noch dran?»

Immer noch kein Ton. Dann wurde der Hörer aufgelegt.

«Ich denke, es wäre nicht das Dümmste, wenn wir dieser Dame sofort einen Besuch abstatten würden.»

Kesselring stand hastig auf und rannte beinahe zur Tür hinaus. Lüthi folgte ihm.

Freitag, 17. September 2004, 17.50 Uhr
Tippschigen. Stappelisacker 73. Eine Vierzimmerwohnung

Als sie das Mehrfamilienhaus endlich gefunden hatten, liessen sie das Auto am Strassenrand stehen. Auf der Treppe begegneten sie mehreren Bewohnern des Hauses, die aufgeregt durcheinander redeten.

«Wir haben einen Schuss gehört», sagte eine ältere Frau aufgeregt. «Er kam aus der Wohnung von Lehmanns. Vielleicht hat er sie umgebracht!»

«Wer hat wen umgebracht?», fragte Lüthi, während Kesselring bereits an der Tür war und klingelte. Beide zogen ihre Dienstpistolen.

«Der Lehmann seine Frau. Der säuft doch wie ein Loch, hat Wutausbrüche. Ein Wunder, dass nicht schon früher etwas passiert ist. Gerade jetzt, da er noch arbeitslos ist. Die arme Frau.» Während die Nachbarin sprach, drängte Lüthi alle Gaffer aus dem Treppenhaus und befahl ihnen, draussen zu bleiben.

Kesselring wartete, bis sein Kollege kam. Dann drückte er auf die Klinke. Die Tür öffnete sich. Beide stürmten mit gezückter Waffe hinein, Kesselring stürzte links weg, Lüthi rechts. Sie duckten sich, Lüthi hinter einen Tisch, Kesselring hinter das Sofa. Lüthi machte energische Handzeichen und deutete hinter sich. Dort lag ein lebloser Körper. Langsam robbte Lüthi zu ihm.

Dann hörte Kesselring ein Scharren, das durch eine der geschlossenen Türen zu ihm drang. Mit gezückter Pistole stellte er sich neben die Tür. Er holte tief Luft, trat sie ein und stürzte ins Zimmer.

Karin Lehmann stand neben einem kleinen Schreibtisch, auf dem eine Pistole lag. Sie wirkte abwesend. Starrte auf den Tisch, hob dann langsam den Kopf und blickte Kesselring durchdringend an.

«Nein. Das ist es nicht wert», sagte sie leise. «Nehmen Sie mich fest. Ich bin die Gesuchte.»

Kommissar Kesselring ging langsam auf sie zu. Nahm die Pistole an sich und bat sie, sich zu setzen. Sie gehorchte, mit starrem Blick. Dann ging Kesselring zurück ins Wohnzimmer.

Lüthi kniete auf dem Boden. Vor ihm lag Pfarrer Hugentobler, das Hemd voller Blut.

«Er lebt noch», sagte Lüthi. «Aber er scheint schwer verletzt zu sein.»

Kesselring verständigte einen Krankenwagen, danach die Polizei. Versicherte sich, dass Lüthi allein zurechtkam mit dem Verletzten.

Danach ging er ins Schlafzimmer zurück, zurück zu Karin Lehmann.

Vierzehntes Kapitel,

in dem zwei Pfarrer das Amtsgeheimnis verteidigen
und der Fall zu den Akten gelegt wird

Samstag, 18. September 2004, 9.20 Uhr
Inselspital Bern, Intensivstation

Am nächsten Tag besuchte Kommissar Kesselring den Tipp-
schiger Pfarrer auf der Intensivstation des Inselspitals. Hugentobler hatte Glück gehabt. Die Kugel hatte zwar den
Brustkorb durchschlagen, jedoch die Lunge nicht verletzt
und auch sonst keine lebenswichtigen Organe getroffen. Er
hatte nie wirklich in Lebensgefahr geschwebt und gute Aus-
sichten, bald aus dem Spital entlassen zu werden. Er lag auf
seinem Bett, die Bandagen waren durch den Schlafanzug
kaum zu sehen.

«In Tippschigen macht man aus Ihnen einen Helden,
Herr Hugentobler», begann Kesselring.

«Einen Helden? Aus mir?»

«Ja. Es geht das Gerücht, dass Sie Frau Lehmann unter
Einsatz Ihres Lebens zu einem Geständnis haben bewegen
wollen und dabei angeschossen worden seien. Sie steigen auf
zum Kämpfer für den Glauben an das Gute im Menschen,
der in heroischem Einsatz sein Leben riskiert hat.» Der beis-
sende Unterton war nicht zu überhören. «Ich will Ihnen sagen, wie ich das Ganze sehe, Hugentobler. Es war fahrlässig
und dumm, allein zu dieser Frau zu gehen, ohne uns zu benachrichtigen. Sie haben die Quittung dafür erhalten.»

Hugentobler sagte nichts.

«Was wollten Sie von der Frau? Wie haben Sie herausgefunden, dass sie es war?»

Der Pfarrer sah ihn an, undurchdringlich.

«Ich bin Ihnen keine Antwort schuldig. Es ist auch nicht nötig. Der Fall ist geklärt.»

«Es gibt ein paar Dinge, die nicht geklärt sind. Frau Lehmann hat uns gesagt, dass sie Ihnen vor kurzem einen Brief geschickt habe. Warum haben Sie ihn uns nie gezeigt?»

Hugentobler presste die Lippen zusammen. «Er war anonym. Ich wusste nicht, wer ihn geschrieben hatte.»

«Sie hätten ihn sofort an uns weitergeben müssen. Das wissen Sie ganz genau.» Kesselring wurde laut.

«Verschwinden Sie endlich, Herr Kommissar. Sie haben viel Unruhe in unsere Gemeinde gebracht. Sie haben den Fall doch geklärt. Was wühlen Sie noch weiter herum?»

Kesselring kochte vor Wut. «Ich werde Sie anzeigen wegen Unterschlagung von Beweisen! Das wird verdammt schlecht aussehen, ein Pfarrer, der unehrlich ist. Ich werde dafür sorgen, dass die Medien es erfahren und die Sache aufblasen.»

«Machen Sie, was Sie wollen. Gehen Sie jetzt.»

«Ich gehe, wann ich will. Warum haben Sie die ganze Zeit die Untersuchungen behindert? Was haben Sie zu verbergen, Hugentobler? Frau Lehmann hat uns gesagt, dass sie vor drei Wochen zu Ihnen gekommen sei. Nicht lange vor dem Mord an Neuenschwander also. Und Sie waren bei ihr, als sie sich umbringen wollte. Sie hat auf Sie geschossen. Warum das alles, Hugentobler?»

«Haben Sie schon einmal etwas vom Amtsgeheimnis gehört, Herr Kommissar? Als Seelsorger bin ich daran gebunden. Seitdem ich Sie kenne, bin ich ganz neu froh darum!»

Kesselring stand auf und ging zur Tür. Dann drehte er sich nochmals um:

«Sie hören noch von mir. Ich habe den Medien bereits mitgeteilt, wie ich ihr Verhalten taxiere: idiotisch und unverantwortlich. Sie werden es morgen in den Zeitungen lesen.»

Damit schloss er die Tür hinter sich. Der Kerl wird uns nie sagen, was er gewusst hat, dachte der Kommissar. Wir werden nie erfahren, was er mit ihr gesprochen hat und warum sie auf ihn geschossen hat. Und, was das Schlimmste ist, niemand kann ihm dafür etwas anhaben.

Samstag, 18. September 2004, 10.05 Uhr
Bern. Waisenhausplatz 32. Polizeipräsidium
Kommissar Kesselrings Büro

Kesselring war kaum zurück in seinem Büro, als er begann, sich über das Amtsgeheimnis der Pfarrer zu informieren. Er hoffte, eine Lücke zu finden und Hugentobler für sein Verhalten angreifen zu können. Er merkte selbst, wie sehr er sich in die Sache verbiss. Doch es war ihm egal.

Er wurde enttäuscht. Ein juristischer Sachverständiger klärte ihn über die verzwickte Rechtslage auf. Nach der kantonalen Strafprozessordnung wäre es zwar möglich, Kantonsangestellte bei Verbrechen zur Aussage zu verpflichten. Doch in nachträglich zugefügten Auslegungsbestimmungen wurde klargestellt, dass dies für Pfarrer nicht gelte. Zwar konnte ein Pfarrer, der in Gewissenskonflikte kam, sich durch die vorgesetzte Behörde von der Schweigepflicht entbinden lassen. Doch es war in der vorliegenden Situation nicht möglich, Hugentobler wegen Unterschlagung von Informationen irgendwie zu belangen.

Kesselring war nicht überrascht, aber enttäuscht. Dann entwindet sich dieser Schleicher einmal mehr, dachte er grimmig.

Samstag, 18. September 2004, 11.20 Uhr
Bern. An der «Front»

Lüthi sass mit Pfarrer Zehnder draussen, an einem Tisch an der «Front» in Bern. Sie tranken ein Bier. Zehnder hatte zu erzählen begonnen, dass er vor ein paar Tagen die Zusage für eine andere Arbeitsstelle bekommen habe. Die Hilfswerke der Evangelischen Kirchen der Schweiz suchten jemanden zur Leitung einer Gruppe in Argentinien, welche die Menschenrechtslage untersuchen sollte. Zehnder wirkte überglücklich. «Es ist Zeit für mich, aus Tippschigen wegzukommen. Zu verfahren, die ganze Kirchgemeinde. Mein Kollege ist auch nicht gerade das Erheiterndste, was ich mir vorstellen kann.»

Lüthi hakte ein. «Herr Zehnder, Frau Lehmann hat uns gesagt, dass sie mit Ihnen gesprochen habe.» Lüthi machte eine kurze Pause. «Was haben Sie gewusst?»

«Frau Lehmann ist gleich zu mir gekommen, nachdem sie Jürg Neuenschwander erschossen hatte. Sie wirkte zwar schuldbewusst, aber auch erstaunlich erleichtert, gelöst. Sie hat mir alles erzählt und mich dann gefragt, was sie tun solle.»

«Und was haben Sie ihr gesagt?»

«Nichts. Es ist nicht meine Aufgabe als Seelsorger, Ratschläge zu erteilen. Ich habe ihr zugehört. Nach etwa zwei Stunden ist sie gegangen.»

Lüthi schaute ihn ungläubig an: «Das war alles?»

«Nein. Sie ist noch einmal gekommen. Sie wurde unruhiger. Hatte Mühe damit, dass ein Zusammenhang zwischen den Morden an Neuenschwander und Bärtschi hergestellt wurde. Mit der Sache von Bärtschi habe sie nichts zu tun gehabt, wie sie erregt beteuerte. Und schliesslich hatte sie zunehmend Probleme mit ihrem Gewissen. Ich habe von Anfang an vermutet, dass sie nicht damit würde leben können. Ich habe gehofft, dass sie sich der Polizei stellen würde.

«Haben Sie gewusst, dass Frau Lehmann Kontakt mit Hugentobler gehabt hat?»

«Sie hat mir von der seelsorgerlichen Beratung erzählt. Sie hat sie als katastrophal empfunden. Das ist alles, was ich darüber weiss.»

«Sie haben mit Ihrem Kollegen nicht darüber gesprochen?»

«Wir sprechen nicht miteinander. Christoph Hugentobler, der grosse, erhabene Pfarrer, würde seine tiefen Geheimnisse nie mit dem unerfahrenen Würstchen Zehnder teilen.»

«Das tönt bitter.»

«Ist es auch. Was möchten Sie noch wissen?»

«Warum haben Sie uns nichts gesagt?»

Zehnder schaute ihn an. «Ich bin Pfarrer, Herr Lüthi. Leute vertrauen sich mir an. Sie gehen davon aus, dass alles bei mir bleibt. Verstehen Sie? Das Amtsgeheimnis ist mir sozusagen heilig. Ein einziger Pfarrer, der es verletzt, würde das Vertrauen in dieses Amtsgeheimnis grundlegend erschüttern. Das gilt auch im Fall eines Mordes.»

Samstag, 18. September 2004, 12.25 Uhr
Bern. Restaurant Casino

Kesselring und Lüthi liessen sich den reichhaltigen Tandoori-Salat, eine Spezialität des Casino-Restaurants, schmecken.

«Die Sache mit dem Amtsgeheimnis liegt mir schwer auf», bemerkte Kesselring nach einer Weile. «Es hat den beiden Pfarrern erlaubt, die ganze Zeit zu schweigen, obwohl sie die Mörderin gekannt haben.»

«Und wer weiss, was sie noch alles wissen», meinte Sascha Lüthi.

«Seien wir ehrlich, Peter. Wir wissen jetzt zwar, wer Neuenschwander erschossen hat. Aber wir sind immer noch nicht sicher, ob Bärtschi Suizid begangen hat oder umgebracht wurde. Vollends im Dunkeln bleiben die Finanztransaktionen von Neuenschwander und Bärtschi. In dieser Sache sind wir noch keinen Millimeter weitergekommen.»

«Und mit einer Mörderin, die aus Verletztheit gehandelt hat, kommen wir auch nicht gerade weit. Frau Lehmann hat mit Bärtschi wohl nichts zu tun.» Kesselring seufzte.

«Vielleicht finden wir es nie heraus.»

Im Januar 2005
Auszüge aus dem abschliessenden Bericht der Kriminalpolizei Bern

«(...) Karin Lehmann hat gestanden, Jürg Neuenschwander ermordet zu haben. Ihr Geständnis ist plausibel. (...) Der Mord an Jürg Neuenschwander kann damit als geklärt gelten. (...)
Die Verdachtsmomente, die beim Tod von Ernst Bärtschi auf eine mögliche Dritteinwirkung schliessen lassen, sind schwach. Sie gehen nicht über persönliche Überzeugungen und Ahnungen von Angehörigen hinaus. (...) Materielle Indizien oder Beweismittel fehlen gänzlich. (...) Es muss davon ausgegangen werden, dass Ernst Bärtschi Suizid begangen hat. Über die Gründe des Suizids können hier keine Mutmassungen angestellt werden. (...)
Ungeklärt bleiben die sowohl von Ernst Bärtschi wie auch Jürg Neuenschwander getätigten Finanzbewegungen. Beide haben in den letzten Monaten ihres Lebens regelmässig grössere Geldbeträge in bar abgehoben. (...) Das lässt auf eine mögliche Erpressung schliessen. Diese könnte im Zusammenhang mit einem Landverkauf der Kirchgemeinde

Tippschigen stehen, die im Jahre 2001 getätigt
wurde. Sowohl Ernst Bärtschi wie auch Jürg Neuenschwander waren damals im Kirchgemeinderat
Tippschigen. Sie leiteten den Verkauf in die Wege. (…) Trotz intensiven Nachforschungen ist die
Kriminalpolizei hier keinen Schritt weitergekommen. (…) Da klare Indizien und Beweismittel
fehlen, wird diese Spur nicht weiterverfolgt.
(…)»

Epilog

Für die Zeitungen war der Fall während Tagen und Wochen ein gefundenes Fressen. Ein Mord, ein Einbruch, ein Suizid, eine weitere, fast gelungene Selbsttötung und ein schwer verletzter Pfarrer, das wollte sich niemand entgehen lassen. Ein schweizerisches Massenblatt startete sogar eine Serie mit dem Titel «Leidenschaft und enttäuschte Liebe». Das Detailwissen, das darin sichtbar wurde, liess vermuten, dass die Schreiber über mehrere gut unterrichtete Informanten verfügten. Diese müssten aber «zu ihrem eigenen Schutz anonym bleiben», wie es geheimniskrämerisch hiess.

Daniel Wegmüller, der als Vizepräsident der Kirchgemeinde Tippschigen – und jetzt Präsident ad interim – versuchte, ein einheitliches Kommunikationskonzept durchzusetzen, resignierte schnell. Es gelang nicht, den Kirchgemeinderat, die Pfarrer und die Mitarbeitenden zum Schweigen zu verpflichten und, wie vorgesehen, Stellungnahmen nur durch den Präsidenten vornehmen zu lassen. Zu viele Leute waren daran interessiert, auch einmal in den Medien zu Wort zu kommen, und gaben den Journalisten bereitwillig Auskunft. Intime und intimste Details, zutreffende, erfundene und vermutete, wurden in Dutzenden von Artikeln verbreitet.

Kesselring gab mehrere Interviews, in denen er sich zufrieden darüber äusserte, dass der «Fall Tippschigen», wie er mittlerweile genannt wurde, aufgeklärt werden konnte. Er kritisierte das Verhalten von Pfarrer Hugentobler mehrmals scharf und bezeichnete sein Verhalten als «verantwortungslos, insbesondere, wenn man bedenkt, dass er Pfarrer ist».

Hugentobler wurde von mehreren Zeitungen interviewt. Er stellte sich als Pfarrer dar, der versucht hatte, eine Frau vor einem unbedachten Schritt zu bewahren. Er habe den Suizid verhindern wollen, und das sei ihm gelungen. In einem der Zeitungsartikel unter der Überschrift «Der Pfarrer, der für das Leben einer Mörderin sein eigenes riskiert» gab Hugentobler ein längeres Interview. Darin liess er unter anderem durchblicken, dass es ihm gelungen sei, mit dieser Tat eine «schwere Schuld, die seit Jahren auf mir lastet, zu sühnen und dadurch Wiedergutmachung zu leisten». Er fühle sich befreit. In einem Kirchenblatt veröffentlichte er einen längeren Artikel mit dem Titel «Eine Katharsis durch mutige Taten ist möglich». Darin erwog er die Wichtigkeit von klaren, entschiedenen Handlungen aus der Sicht der christlichen Religion und verurteilte Konformismus, Zögerlichkeit und Duckmäusertum als «Wurzelsünden des Glaubens».

Dann ebbte das Interesse am Fall ab. Die Medien wandten sich anderen Aktualitäten zu, rund um die Kirchgemeinde Tippschigen wurde es wieder ruhiger. Ende Jahr interessierte sich niemand mehr dafür.

Rolf Häberli kam mit einem blauen Auge davon. Zwar wurde ihm das Anwaltspatent entzogen, was ihm die weitere Berufsausübung verunmöglichte. Doch er hat gute Chancen, dass sein Verfahren wegen seiner wirtschaftskriminellen Vergehen lediglich mit einer bedingten Freiheitsstrafe endet. Dies vor allem deshalb, weil er geständig ist und nicht weiter versucht hat, etwas zu vertuschen. Er versucht, als juristischer Berater bei einem Lebensmittelkonzern eine Arbeitsstelle zu finden. Gespräche sind im Gang.

Vera Geissbühler fand noch im November 2004 eine Arbeitsstelle als Direktionssekretärin in einer mittelgrossen Bank und ist dort glücklich. Häberli hatte ihr ein hervorragendes Arbeitszeugnis ausgestellt. Sie hat mit einem Architekten, der vor kurzem seine Scheidung hinter sich gebracht hat, eine ernsthafte Beziehung begonnen. Bereits spricht sie davon, zu heiraten.

Barbara Liechti blieb der Kirchgemeinde Tippschigen als Sekretärin erhalten. Sie ist mit der Arbeit zufrieden und kann sich kaum einen besseren Job vorstellen. Dass sie froh ist, nicht mehr mit Jürg Neuenschwander zusammenarbeiten zu müssen, äussert sie nicht. Die Ungewissheit, wer seine Nachfolge als Präsident antreten wird, beschäftigt sie nicht wirklich. «Das ist ja nicht mein Problem», pflegt sie zu sagen.

Katharina Sidroyes schrieb noch im Oktober 2004 einen Brief an die Polizei, in dem sie sich über Kommissar Kesselring beschwerte. Er habe bei den Untersuchungen «jegliche Contenance verloren» und versucht, den ermordeten Jürg Neuenschwander «in den Dreck zu ziehen». Der Brief wurde zwei Wochen später vom Vorgesetzten Kesselrings beantwortet. Er sei der Sache nachgegangen, habe aber keine Unregelmässigkeiten feststellen können. Sidroyes war enttäuscht, sah aber dann von weiteren Schritten ab. Sie bleibt Kirchgemeinderätin in Tippschigen.

Béatrice Kummer demissionierte im November 2004. Sie erlitt zweimal kurz hintereinander einen Nervenzusammenbruch. Der Hausarzt überwies sie an einen Psychiater, der von einem längeren Heilungsprozess sprach. Sie liest immer noch jeden Morgen in der Bibel und sucht darin Trost. Mit dieser Kirchgemeinde will sie nichts mehr zu tun haben und besucht eine Freikirche in Bern.

Daniel Wegmüller blieb bei seiner Absicht, den Kirchgemeinderat Tippschigen zu verlassen, und demissionierte auf den 31. Dezember 2004. Die Nachfolge im Präsidium ist noch nicht geklärt. Gespräche sind im Gang.

Bereits im Oktober 2004 stellte Elisabeth Hugentobler ihren Mann zur Rede. Sie verlangte, dass sie von Tippschigen weggehen sollten. Sogar einen Berufswechsel solle er, Christoph, sich überlegen. Sie könne so nicht weiterleben. Das Pfarramt mache sie kaputt. Sie müssten konkret über ihre gemeinsame Zukunft nachdenken. Als ihr Mann einmal mehr hinhaltend antwortete, zog sie kurzerhand aus.

Nach einigen Wochen bei einer Freundin teilte Elisabeth Hugentobler gegen Weihnachten 2004 ihrem Mann mit, dass er sich entscheiden müsse: sie oder das Pfarramt. Je länger sie jedoch von ihrem Mann getrennt lebt, desto besser gefällt es ihr. Endlich könne sie wieder atmen, sagte sie letzthin zu ihrer Freundin.

Christoph Hugentobler hatte zunächst Glück. Die Anzeige wegen Unterschlagung von Beweisen, die Kesselring im Oktober 2004 tatsächlich doch noch eingereicht hatte, wurde vom Untersuchungsrichter wegen Geringfügigkeit niedergeschlagen.

Doch die Ruhe währte nicht lange. Nachdem seine Frau aus dem Pfarrhaus ausgezogen war und dies in Tippschigen ruchbar wurde, regten sich bibelgläubige Kreise. Unter Berufung auf entsprechende Bibelstellen verbreitete die «Aktionsgruppe für eine würdige Kirchgemeinde», Hugentobler sei nicht mehr tragbar. Ein Pfarrer, dem die Frau davonlaufe, habe den Ruf Gottes und die geistliche Salbung verloren. Im November wurden Unterschriften gesammelt, um Pfarrer Hugentobler an einer Kirchgemeindeversammlung abwählen zu lassen. Hugentobler selbst äusserte sich zu den Vorwürfen nicht, obwohl der Kirchgemeinderat ihn dazu zu drängen versuchte.

Die Initianten brachten die nach dem Organisationsreglement der Kirchgemeinde Tippschigen notwendigen 50 Unterschriften nicht zusammen, die zur Einberufung einer ausserordentlichen Kirchgemeindeversammlung nötig gewesen wären. Hugentobler kann weiterhin Pfarrer in Tippschigen bleiben.

Er hofft, dass seine Frau sich besinnen und zu ihm zurückkommen wird. Er liebe sie nach wie vor und sei bereit, ihr zu vergeben und sie zurückzunehmen, sagte er kürzlich zu seinem Amtskollegen.

Andreas Zehnder kündigte kurz nach der Aufklärung des Mordfalles in Tippschigen auf Ende April 2005. In seinem Demissionsschreiben hielt er fest, dass ihm die Arbeit als Pfarrer in Tippschigen gut gefallen habe. Der Mord an Jürg Neuenschwander und die belastenden Ermittlungen hätten nichts mit seinem Entschluss zu tun. Er wünsche der Kirchgemeinde ein gesundes Wachstum und die nötigen Veränderungen.

Zehnder bereitet sich nun darauf vor, im Auftrag des HEKS die Menschenrechtslage in Argentinien zu untersuchen. Er wird im Juni 2005 seine Stelle in Buenos Aires antreten. Ihn interessiert insbesondere die Verquickung der Kirchen mit der dortigen korrupten Classe politique. Zuerst aber fliegt er für zwei Wochen nach Neuseeland. Ein Time-out könne er jetzt vertragen, nach den turbulenten Zeiten in Tippschigen.

Erika Neuenschwander bedankte sich in einem Brief an den Kirchgemeinderat und die Pfarrerschaft für die «würdige Abdankungsfeier». Das Angebot von Pfarrer Hugentobler, sie nochmals zu besuchen, lehnte sie dankend ab.

Nach dem Tod ihres Mannes zog sie sich zurück. Man sah sie kaum noch im Ort. Im Dezember 2004 zog sie nach Basel um. Sie will ihr Haus in Tippschigen verkaufen. Es gibt Gerüchte, wonach sie einen neuen Lebenspartner gefunden habe. Doch niemand weiss Genaues. Auch Rosa Schaufelberger nicht, was etwas heissen will.

Karin Lehmann wurde zunächst in Untersuchungshaft genommen, entschied sich jedoch bereits im Dezember 2004 für einen vorzeitigen Strafantritt in der Strafanstalt Hindelbank. Ihr Mann besucht sie seither regelmässig. Die Geschichte hat ihm zugesetzt. Er hat sich verändert und vor kurzem eine Therapie wegen seiner Alkoholprobleme begonnen.

Karin Lehmann hat sich eine gute Anwältin genommen. Die Strategie bei Gericht wird sein, auf verminderte Zurechnungsfähigkeit zu plädieren und das Geständnis in die Waagschale zu werfen. Sie hofft auf ein mildes Urteil.

Obwohl: Tief in ihrem Innersten ist sie nach wie vor überzeugt, richtig gehandelt zu haben. Aber das braucht sie ja nicht laut zu sagen.

Kommissar Kesselring nahm sich Zeit zur Erholung. Nachdem er die Berichte zu den Fällen Neuenschwander, Bärtschi und Notariatsbüro Neuenschwander & Häberli verfasst hatte, fuhr er im Dezember 2004 vierzehn Tage in die Ferien. Erstmals besuchte er Indien, ein Wunsch, den er schon lange gehegt hatte. Es gelang ihm, sich nach und nach von der depressiven Grundstimmung, die ihn gegen Ende der Ermittlungen erfasst hatte, zu befreien. Die Verbitterung und die Wut, die er gegenüber Hugentobler verspürt hatte, verflogen nach und nach.

Er wurde das dumpfe Gefühl nicht los, dass sie zwar den Mordfall Neuenschwander hatten auflösen können, anderes jedoch nicht: weder den Tod von Bärtschi noch die Sache mit der möglichen Erpressung. Nach einigen Tagen in Indien hörte aber sogar Kesselring auf zu grübeln. Schliesslich war der Fall offiziell abgeschlossen worden.

Basta.

29. September 2004, 1.20 Uhr (Ortszeit)
Flug NR BC 3267 Zürich – Singapur, kurz nach dem Abflug

Andreas Zehnder bestellte nochmals einen Campari Soda.
Er schaute durch das Fenster hinaus zum Sternenmeer.

Sie hatten First Class gebucht. Das lohnt sich schon,
dachte er bei sich, während er am Glas nippte. Er schaute Livia
an, die ihr Buch beiseite legte.

Livia

Ist etwas?

Andreas

Wir haben Glück gehabt. Livia. Es hätte auch schief gehen
können. *Daran* denke ich.

Livia

Es ist vorbei, Andreas. Und es ist *nicht* schief gegangen.
Das ist das Wichtigste. Und wir sind unsere Sorgen los.

Andreas

Die Lage ist ausser Kontrolle geraten. Karin Lehmann …
ein blöder Zufall, dass sie ausgerechnet jetzt durchdrehen
musste. Und dann dieser eigenartige Tod von Bärtschi.

Livia

Denkst du, Neuenschwander hat ihn umgebracht?

Andreas

Ich weiss es nicht. Möglich wäre es.

Livia

Du hast das Beste getan, was du in dieser Situation tun

konntest. Nichts. Du hast einfach alles laufen lassen. Das war clever, Andreas.

Andreas

Diese Putzfrau. Es wäre nicht nötig gewesen, dass auch sie noch fast draufgeht. Dass sie ausgerechnet zu mir kommen musste. Sie tut mir Leid.

Livia

Vergiss es. Wir haben, was wir brauchen. Auch wenn es jetzt nur zweihundertzwanzigtausend sind. Ich freue mich auf Neuseeland.

Die Handlung und der Ort des Romans sind frei erfunden. Sollte es Ähnlichkeiten mit lebenden Personen oder Übereinstimmungen mit wirklichen Ereignissen geben, ist dies nicht Absicht, sondern Zufall.

Die biblischen Texte sind zitiert nach der Neuen Zürcher Bibel, 2006.

Dank

Ein Roman entsteht nicht ohne Unterstützung.

Ich danke insbesondere meiner Frau Barbara für zahlreiche Ideen, konstruktive Kritik und stetige Ermutigung. Ich danke Margret Kiener Nellen, Nationalrätin, Gemeindepräsidentin und Anwältin, für ihre Beratung; ich danke Jakob Frey, Kirchenjurist, für seine Auskünfte. Pfarrer Thomas Ströbel, Elke Morlok, Irene Tantscher, Catherine Meyer, Pia Infanger und viele andere haben die Entwürfe kritisch gegengelesen und den Roman mit zahlreichen Ideen bereichert.

Dem Pano Verlag danke ich für die Aufnahme von Kesselrings Ermittlungen in sein Verlagsprogramm. Besonders erwähnen möchte ich die Verlagsleiterin Marianne Stauffacher sowie die Lektorinnen Lisa Briner und Erika Reist, die mich liebevoll unterstützt und schonend, aber offen korrigiert haben.

Ganz besonders dankbar bin ich unserer Berner Sennenhündin Kyrah, die mir auf zahllosen langen Spaziergängen interessiert zugehört hat.

Belletristik im Pano Verlag

Fritz Stolz
Kirchgasse 9
Ein theologischer Kriminalroman

«Kummer fasste langsam klare Gedanken. Er rüttelte am Bein des Mannes – aber Professor Rainer Edelmann, weiland Professor für neutestamentliche Wissenschaft an der Universität Zürich, rührte sich nicht mehr, und zwar endgültig.»

Herbert Kummers Entdeckung löst eine Reihe von Ereignissen aus, die nicht nur die Polizei, sondern auch die Mitarbeiterinnen und Mitarbeiter des Theologischen Seminars interessiert. Die akademische Forschung wird in Fritz Stolz' Roman zur detektivischen Spurensuche. Die Wahrheit, die schliesslich ans Licht kommt, eignet sich allerdings nichts als Thema einer Seminararbeit ...

191 Seiten, Paperback
EUR 17.00 (D)/17.50 (A)/CHF 25.00
ISBN 3-9520323-3-6

Thomas Brunnschweiler
Der letzte Traum
Erzählungen

Brunnschweilers Träume und Traumgeschichten verschmelzen Innen und Aussen, sie durchbrechen die Grenzen der Realität, bohren sich tief in die Psyche: Sie sind meist ironisch gebrochen und mit einem schelmischen Augenzwinkern geschrieben.

Da gerät man beim routinemässigen Besprechen des Telefonbeantworters in eine existenzielle Krise, da wird die Fehlerhaftigkeit der Welt schlagartig aufgehoben – sehr zum Ärger des notorischen Druckfehlersammlers, da flüchtet ein des wachen Lebens überdrüssiger Mann in seine kontrollierbare Traumwelt, um sich auch dort in Situationen wiederzufinden, die er sich nicht hätte träumen wollen. Eine mysteriöse Handybotschaft lässt einen Grossmünsterpfarrer während des Gottesdienstes aufhorchen, das Selbstgespräch einer Frau im Bus verrät ein dunkles Verbrechen.

Brunnschweilers Erzählungen brechen unsere bekannte Welt auf und eröffnen den Weg in traumhafte Gefilde und alptraumhafte Tiefen. Die Liebhaber von skurrilen, hintergründigen und pointenreichen Geschichten kommen hier auf ihre Kosten.

ca. 200 Seiten, Paperback
ca. EUR 19.80 (D)/ 20.30 (A)/CHF 32.00
ISBN 3-907576-80-2
Auslieferung: März 2006

Elsbeth Pulver
Tagebuch mit Büchern
Essays zur Gegenwartsliteratur
Unter Mitarbeit der Autorin herausgegeben von Anna Stüssi

Seit rund 20 Jahren schreibt Elsbeth Pulver für die Zeitschrift
«Reformatio» ein «Tagebuch mit Büchern». Die bekannte
Literaturkritikerin hat hier eine persönlich gefärbte feuilletonisti-
sche Form entwickelt, die einen Umfang und einen Rhythmus
erlaubt, wie sie in der Tagespresse kaum möglich sind. Das vorlie-
gende Buch enthält eine Auswahl dieser Texte, ergänzt durch einige
andernorts (NZZ, Schweizer Monatshefte) publizierte Essays.
Vollständigkeit wurde nicht angestrebt, dennoch zeichnet sich ein
lockeres Panorama der schweizerischen Gegenwartsliteratur ab, mit
Ausblicken über die Grenze hinaus. Die Interpretationen und
Kritiken spiegeln die Vorlieben (darunter auch Zufallsfunde) einer
wachen Zeitgenossin, die ihre Aufmerksamkeit nicht von Aktualität
und saisonalen Bestenlisten beschränken lässt. Sie zeichnen die
Doppelspur eines Lesens, das dem Alltags-Leben und den mensch-
lichen Belangen verbunden bleibt und zugleich die Nuancen und
Details eines Werkes erhellt und dieses behutsam in allgemeine
Zusammenhänge stellt.

Das Buch weckt unbändige Lust, Gelesenes wiederzulesen und sich
noch Ungelesenem schnellstens zuzuwenden.

317 Seiten, Paperback
EUR 22.50 (D)/23.20 (A)/CHF 36.00
ISBN 3-907576-84-5